Planos de Assistência e Seguros de Saúde

Lei nº 9.656, de 3 de junho de 1998

R627p Rizzardo, Arnaldo
Planos de assistência e seguros de saúde: Lei nº 9.656, de 3 de junho de 1998 / Arnaldo Rizzardo, Eduardo Heitor Porto, Sérgio Bergonsi Turra, Tiago Bergonsi Turra. — Porto Alegre: Livraria do Advogado, 1999.
168 p.; 14x21cm.

ISBN 85-7348-121-8

1. Seguro privado. 2. Seguro-saúde. 3. Direito Previdenciário. I. Título.

CDU 368.4

Índices para catálogo sistemático:
Direito Previdenciário
Seguro privado
Seguro-saúde

(Bibliotecária responsável: Marta Roberto, CRB-10/652)

Arnaldo Rizzardo
Eduardo Heitor Porto
Sérgio Bergonsi Turra
Tiago Bergonsi Turra

Planos de Assistência e Seguros de Saúde

Lei nº 9.656, de 3 de junho de 1998

livraria
DO ADVOGADO
editora

Porto Alegre 1999

© Arnaldo Rizzardo,
Eduardo Heitor Porto,
Sérgio Bergonsi Turra e
Tiago Bergonsi Turra, 1999

Capa, projeto gráfico e diagramação
Livraria do Advogado / Valmor Bortoloti

Revisão
Rosane Marques Borba

Direitos desta edição reservados por
Livraria do Advogado Ltda.
Rua Riachuelo, 1338
90010-273 Porto Alegre RS
fone/fax: (051) 225-3311
E-mail: livadv@vanet.com.br
Internet: www.liv-advogado.com.br

Impresso no Brasil / Printed in Brazil

Obras do autor *Arnaldo Rizzardo*

Da ineficácia dos atos jurídicos e da lesão no direito. Rio de Janeiro: Forense, 1983.

Reajuste das prestações do Banco Nacional da Habitação. Porto Alegre: Fabris, 1984.

O uso da terra no direito agrário (loteamento, desmembramentos, acesso às terras rurais, usucapião especial - Lei 6.969) 3. ed. Rio de Janeiro: Aide, 1985.

Das servidões. 1. ed., 2. Tir. Rio de Janeiro: Aide, 1986.

Casamento e concubinato - efeitos patrimoniais. 2. ed. Rio de Janeiro: Aide, 1987.

Contratos. Rio de Janeiro: Aide, 1988. 3 v.

Direito das coisas. Rio de Janeiro: Aide, 1991. 3 v.

Direito de família. Rio de Janeiro: Aide, 1994.

Direito das sucessões. Rio de Janeiro: Aide, 1996.

Contratos de crédito bancário. 4. ed. São Paulo: RT, 1999.

Factoring. São Paulo: RT, 1997.

A reparação nos acidentes de trânsito, 8. ed. Rev., atual. e ampl. São Paulo: RT, 1998.

O leasing : arrendamento mercantil no direito brasileiro. 3. ed. rev., atual. e ampl. São Paulo: RT, 1998.

Promessa de compra e venda e parcelamento do solo urbano - Lei 6.766/79, 5. ed. São Paulo: RT, 1998.

Comentários ao Código de Trânsito Brasileiro. São Paulo: RT, 1998.

Sumário

Nota explicativa 11

1 - O Contrato de Seguro 13

2 - O Seguro de saúde 14

3 - Planos de assistência à saúde 16

4 - Os contratos de assistência e seguro-saúde no passado . . . 17

5 - Natureza dos contratos de assistência e seguro-saúde 19

6 - A lei vigente 20

7 - As empresas operadoras dos planos e dos seguros de saúde 21

   7.1 - operadoras de planos privados de assistência à saúde . 22

   7.2 - operadoras de seguros privados 24

   7.3 - empresas prestadoras de serviços de saúde por
autogestão ou administração 24

   7.4 - cooperativas 26

8 - O âmbito geral da assistência à saúde 26

9 - Participação das empresas estrangeiras nos planos de
assistência e de seguro 27

10 - Órgãos públicos encarregados do controle das empresas e
dos planos e seguros 28

   10.1 - Conselho de saúde suplementar 29

   10.2 - Conselho Nacional de Seguros Privados - CNSP . . . 30

   10.3 - Superintendência de Seguros Privados - SUSEP . . . 31

11 - Os requisitos para o funcionamento das operadoras 32

12 - Elementos do contrato 34

13 - Termos, expressões e definições nos planos e seguros de
assistência à saúde 35

14 - Dos planos de assistência e de seguro-saúde 43

   14.1 - Plano de assitência e seguro-referência 44

   14.2 - Planos especificados ou setorizados 48

   14.2.1 - Quanto à composição ou qualidade dos associados . 49

14.2.2 - Quanto aos planos propriamente ditos 49

14.2.3 - Quanto à extensão temporal e quantitativa dos serviços 54

15 - Doenças e Lesões Preexistentes (DLP) à contratação 56

15.1 - Quando a lei considera preexistente a doença ou a lesão. 57

15.2 - A cobertura parcial temporária durante o prazo de carência 57

15.3 - O agravo dos custos como alternativa à cobertura parcial temporária 58

15.4 - Requisitos para a suspensão da cobertura de doenças ou lesões preexistentes 59

15.5 - Permissão do agravo ou da opção pela cobertura parcial temporária nos casos de doenças e lesões preexistentes 60

16 - Renovação automática dos contratos após o vencimento . . 60

17 - Proibição em recusar segurados 64

18 - Proibição em interromper internamentos 64

19 - A mudança das contraprestações pecuniárias em função da idade, da sinistralidade ou variação de custos 66

19.1 - Alteração das contraprestações em razão da idade . . 66

19.2 - Alteração das contraprestações em razão do aumento da sinistralidade ou dos custos 68

20 - Obrigações dos prestadores de serviços profissionais de saúde 70

21 - Regularização das empresas que já prestam serviços como operadoras de planos e seguros 71

22 - Fiscalização das operadoras 73

23 - Obrigações das empresas de assistência e de seguro 74

24 - Liquidação das empresas de assistência e de seguro 77

25 - Infrações, penalidades e responsabilidade 79

25.1 - As penalidades 79

25.2 - O procedimento na aplicação das penalidades 80

25.3 - Critérios para a aplicação das penalidades 82

25.4 - Extensão das penalidades e responsabilidades aos administradores 85

26 - Direitos do empregado nos planos de saúde e de seguro . . 85

27 - Direitos do consumidor na rescisão do contrato de trabalho sem justa causa 87

28 - Continuação do plano ou seguro ao aposentado 91

29 - Ressarcimento, pelas operadoras, dos custos por serviços de atendimento prestados pelo SUS 95

29.1 - Como se procede o pagamento ao SUS 96

29.2 - Dos valores a serem ressarcidos 97

29.3 - Como identificar os serviços prestados para se dar o ressarcimento 98

29.4 - Impugnações e defesa quanto aos procedimentos realizados 98

29.5 - Outras formas de impugnações permitidas 99

30 - Cobertura no atendimento de emergência e urgência 100

30.1 - Definições, distinções e exemplos 100

30.2 - Obrigatoriedade de atendimento pelos planos existentes 101

30.3 - Cobertura da remoção do paciente nos casos de emergência e urgência 103

31 - Intervenção e fiscalização nas operadoras de planos e seguros de saúde 104

32 - Adaptação dos contratos antigos à Lei nº 9.656 107

32.1 - Direitos decorrentes da opção à nova lei 107

32.2 - Prazo para a regularização de contratos antigos ... 108

32.3 - Reajuste dos preços nas adaptações de contratos antigos 109

32.4 - Exclusões e cobertura parcial temporária nos contratos antigos 109

32.5 - Prazos de duração da cobertura parcial temporária . 110

32.6 - Incidência da Lei nº 9.656 aos contratos celebrados antes de sua vigência 111

33 - Mudanças importantes na nova lei 112

34 - O que muda para quem já possui plano ou seguro de saúde individual ou familiar 114

35 - Coberturas dos planos e seguros de saúde previstos na nova lei 115

36 - Resolvendo dúvidas mediante perguntas e respostas 117

37 - A quem recorrer nas dúvidas e nas denúncias 141

Anexo - Lei 9.656, de 3 junho de 1998 145

Nota explicativa

O presente trabalho visa a esclarecer, de forma prática e objetiva, a nova sistemática adotada para regrar a saúde suplementar no Brasil. Profundas as alterações advindas com a Lei nº 9.656, de 3 de junho de 1998, relativas à saúde privada, que até então era regida de forma bastante insatisfatória e isolada.

Nesse contexto, busca-se elucidar dúvidas e questões pertinentes ao tema, aprofundando o debate e trazendo esclarecimentos, de modo a tornar acessível a todos o novo sistema que se implantou no País recentemente.

Partindo da realidade que vigorava há décadas entre nós, são analisadas de forma concisa a lei e a regulamentação introduzidas, com realce aos planos previstos e oferecidos aos interessados, aos direitos e deveres das operadoras de planos de assistência e de seguro e dos que se inscrevem nos planos ou seguros, aos mecanismos apresentados para garantir o cumprimento dos contratos, e aos serviços oferecidos aos inscritos.

Da mesma forma, contém o estudo parte do trabalho desenvolvido pelo Ministério da Saúde, onde se descreve um quadro comparativo das principais inovações da Lei, vem explicada a situação daqueles que já se encontravam filiados aos planos, e são formuladas várias perguntas e respostas sobre as principais dúvidas que possam surgir, tanto para os consumidores como para as prestadoras de serviços e empresas operadoras.

Planos de Assistência e Seguros de Saúde **11**

A nova lei criou normas, procedimentos e padrões que definem regras claras e objetivas, além de estender as coberturas até então previstas. Inquestionavelmente, a população brasileira passa a contar com um sistema que melhor atenderá seus direitos e necessidades.

Em que pese a polêmica que envolve a questão, ainda não bem dimensionada, entendemos que a nova normatização traz importante ganho a todos: consumidores, empresas, operadoras e prestadores dos serviços.

Os usuários passam a ter acesso a planos mais justos, completos e eficientes, submetidos a uma rigorosa fiscalização por parte do Ministério da Saúde; as empresas operadoras poderão, com isso, ampliar seu quadro de consumidores, bem como estender os serviços que se dispõem a prestar; para os prestadores dos serviços de saúde, por sua vez, a quem também são dirigidos alguns dispositivos da lei, ficaram definidas as obrigações nos atendimentos que realizam.

1 - O contrato de seguro

É importante dar o conceito de contrato de seguro. O Código Civil encerra uma série de contratos, dentre os quais se destaca o contrato de seguro, um dos mais importantes na vida das pessoas, procurando se prevenir contra certos fatos que podem acontecer, prejudicando o patrimônio ou afetando a vida. Visam a se garantir contra eventuais infortúnios. Assim, contra acidentes e roubos de veículos, acidentes de aeronaves e navios, acidentes pessoais, acidentes de trabalho; contra a ocorrência de furtos, de incêndios, de intempéries, de vícios de construção de prédios, de danos na produção e nos transportes, e, especialmente, contra eventos que atingem a saúde.

Na lição de Maria Helena Diniz, o contrato de seguro "é aquele pelo qual uma das partes (segurador) se obriga para com outra (segurado), mediante o pagamento de um prêmio, a indenizá-la de prejuízo decorrente de riscos futuros, previsto no contrato (CC, art. 1.432). O *segurador* é aquele que suporta o risco, assumido (RF, 87:726) mediante o recebimento do prêmio" (*Curso de Direito Civil Brasileiro*, 3º Vol., 6ª edição, Ed. Saraiva, 1989, p. 338).

Por outras palavras, o interessado, mediante um contrato, se compromete a pagar quantias mensais, ou um valor à vista, para determinada pessoa jurídica organizada como seguradora, e esta, em contrapartida, assume a obrigação de indenizar o dano ou risco previsto no contrato.

Planos de Assistência e Seguros de Saúde

2 - O Seguro de Saúde

Esse seguro visa a garantir o pagamento de determinadas importâncias no caso de acontecerem certos fatos previstos como riscos e ligados à saúde da pessoa. O segurador se obriga a cobrir as despesas ligadas à saúde e à hospitalização. A proteção, pois, é contra os riscos acarretados por doenças e outros males do corpo e do espírito humano, de modo que se tenha a garantia da assistência médico-hospitalar.

É de ressaltar que os custos para fazer frente a uma saúde qualificada são elevados, tornando-se pesados inclusive para as camadas privilegiadas da sociedade. A medicina privada pura e simples, ou seja, aquela em que o produtor e o consumidor de serviço acertam um preço e uma forma de pagamento, fica cada vez mais reduzida, expandindo-se o sistema pelo qual se combina a cobertura de eventos ligados à saúde. Neste campo de pessoas em condições econômicas razoáveis, de acordo com levantamentos de entidades que congregam as seguradoras, cerca de 20% a 25% da população contrataram os serviços de seguro ou assistência à saúde, havendo quem estime em 40 milhões de pessoas que integram o sistema suplementar de saúde.

É antigo o seguro de saúde. Tradicionalmente, os serviços médicos e hospitalares organizavam-se por meio de convênios. As pessoas que assinavam o contrato pagavam, mediante contribuições mensais, os dispêndios com os serviços médico-hospitalares futuros.

Havia três modalidades de convênio:

O primeiro referia-se àqueles que operavam com uma rede independente de hospitais, médicos e clínicas, mas obrigando-se a escolher ou optar dentre os médicos, hospitais e clínicas que o convênio contratava.

O segundo compreendia um oferecimento de serviços através de médicos e hospitais próprios, já selecionados. A pessoa era obrigada a tratar-se com os médicos

14 *Planos de Assistência e Seguros de Saúde*

que eram funcionários ou empregados do convênio, o que nem sempre agradava ao conveniado, especialmente se deficientes os serviços que eram prestados.

O terceiro era conhecido como o seguro-saúde no seu significado real, onde não havia a prestação de serviços por médicos e hospitais do convênio. A pessoa simplesmente procurava um médico e o hospital de sua conveniência, e depois era reembolsada dos valores pagos, mas dentro de um limite previsto no contrato.

Presentemente, é mantida alguma semelhança com aquelas espécies de assistência e seguro. Existe o plano de assistência à saúde, em que as empresas prestam serviço de assistência, e o plano de seguro, destinado a cobrir riscos relacionados à saúde - matéria que será examinada adiante. Realça-se que a Lei nº 9.656, de 03.06.1998, rege presentemente a matéria, contemplando o seguro-saúde no art. 1º, § 1º, inc. II, nestes termos: "... consideram-se: II - operadoras de seguros privados de assistência à saúde: as pessoas jurídicas constituídas e reguladas em conformidade com a legislação específica para a atividade de comercialização de seguros e que garantam a cobertura de riscos de assistência à saúde, mediante livre escolha pelo segurado do prestador do respectivo serviço e reembolso de despesas, exclusivamente".

O seguro-saúde é uma forma de financiamento das despesas médico-hospitalares com suporte na legislação e nos princípios do mútuo. A seguradora compromete-se, face à ocorrência de determinados eventos previstos no contrato, a ressarcir as despesas realizadas pelo segurado, respeitados os limites estabelecidos. Ou seja, quando o prestador do serviço não for credenciado à seguradora, mediante a apresentação de nota fiscal, o segurado é reembolsado parcialmente pelas despesas, eis que há um limite para o reembolso previsto no contrato de seguro.

Planos de Assistência e Seguros de Saúde **15**

3 - Planos de assistência à saúde

Diversamente dos contratos de seguro-saúde, os de planos de assistência não objetivam, de modo geral, a cobertura de eventos ou riscos ligados à saúde. Oferecem uma série de serviços às pessoas que aos mesmos aderem, relativamente à assistência médica, hospitalar, ambulatorial e odontológica. Organizam-se através de convênios, ou de planos, custeando os atendimentos. Colocam à disposição dos interessados serviços e procedimentos médicos e de outros profissionais ligados à saúde, envolvendo internamentos hospitalares e o fornecimento de remédios, de modo a objetivar a cura de pacientes.

Os planos de assistência à saúde integram a "medicina de grupo", a qual constitui-se de empresas que administram, sob a forma de pré-pagamento, planos de saúde para indivíduos, famílias ou empresas. O interessado paga antecipadamente, no mais das vezes a cada mês, prestações fixas, tendo direito à cobertura de eventos previstos no contrato. Os atendimentos são efetuados ou por intermédio de serviços próprios, ou através de uma rede conveniada, a qual é remunerada pelos serviços profissionais e hospitalares prestados.

A medicina de grupo surgiu e desenvolveu-se nos anos 60, no ABC Paulista, em virtude da precariedade dos serviços públicos da região e dos altos preços da medicina liberal. Visava a atender basicamente as necessidades de assistência médico-hospitalar da classe trabalhadora, mediante sistema de convênio-empresa, financiado pelos empregadores.

As pessoas que se filiam ou se inscrevem nos planos pagam mensalidades constantes durante um certo prazo, passando a usufruir dos benefícios oferecidos após certo prazo de carência. As empresas atendem os usuários, oferecendo-lhes diversos níveis de cobertura e padrões de conforto, através de uma rede de hospitais credenciados e próprios, médicos e outros profissionais de serviços de centros de diagnósticos. A Lei nº 9.656, no art. 1º, § 1º, inc. I, expressamente define as operadoras de planos privados de assistência à saúde como toda e qualquer pessoa jurídica de direito privado, independentemente da forma jurídica de sua constituição, que ofereça tais planos mediante contraprestações pecuniárias, com atendimento em serviços próprios ou de terceiros.

Adiante, a matéria será mais desenvolvida.

4 - Os contratos de assistência e seguro-saúde no passado

Antigamente, o seguro-saúde, e mesmo os planos de assistência, vinham regulados no Decreto-lei nº 73, de 21 de novembro de 1966. Este diploma trata do Sistema Nacional de Seguros Privados.

Não se restringe, porém, ao seguro-saúde. Quanto a este tipo, vem o mesmo previsto no Capítulo XI. No art. 129 é instituído o seguro "para dar cobertura aos riscos de assistência médico-hospitalar". O art. 130 define que a garantia do seguro-saúde consiste no pagamento em dinheiro, efetuado pela sociedade seguradora, à pessoa física ou jurídica, pela assistência médico-hospitalar que ela recebe.

Percebe-se que poucas eram as regras a respeito.

Muitos abusos praticavam as seguradoras e operadoras de planos. Fazia-se necessária uma intervenção mais direta do Poder Público, mediante uma legislação coerente com os tempos atuais. Várias as tentativas surgidas no curso das últimas décadas, no sentido de impor as coberturas e a responsabilidade das empresas responsáveis, especialmente proibindo a exclusão de despesas com o tratamento que acarretava maiores des-

Planos de Assistência e Seguros de Saúde **17**

pesas. Os órgãos encarregados da defesa dos direitos sociais vinham agindo com afinco para coibir os abusos. Formou-se um entendimento, na jurisprudência, que obrigava a cobertura, pelos valores contratados, de todos os tipos de doenças, e em qualquer idade.

Mesmo assim, proliferavam os contratos com cláusulas abusivas de toda a espécie, como aquelas que excluíam o tratamento que exigisse custos elevados. Não era permitida a escolha de profissionais médicos e hospitais. Limitava-se o período de internação. Estabelecia-se prazo para comunicar a internação, juntamente com as justificações médicas. Não vinham definidos os riscos cobertos. Previam-se reajustes aleatórios de contribuições e coberturas. Fixavam-se longos prazos de carência. Ficava prevista a rescisão unilateral ou imotivada do seguro. Ao segurado não se permitia a escolha de hospitais de sua preferência. Havia limites para a cobertura. Constava prevista a isenção da responsabilidade de males decorrentes de atos culposos ou dolosos. Chegavam as cláusulas a isentar da correção monetária os pagamentos de coberturas. Em letras miúdas, vinham relações de serviços de saúde excluídos dos planos.

Eram comuns cláusulas ilegíveis, vagas, de difícil compreensão, obscuras, não raramente dando poderes a pessoas da própria companhia seguradora para decidir em nome dos segurados. E mais: cláusulas que agravavam as obrigações do segurado, que cumulavam seus encargos e que impunham a perda de prestações pagas.

Todavia, os prospectos e propagandas prometiam vantagens enganosas, exageradas, não definindo as coberturas. Depois de assinados os contratos, deparava-se o segurado com longo rol de doenças e serviços médicos excluídos do atendimento.

Em suma, havia um verdadeiro caos na legislação em torno da matéria, não se mostrando eficiente o Código de Defesa do Consumidor na proteção do segurado.

5 - *Natureza dos contratos de assistência e seguro-saúde*

Algumas observações devem ser feitas a respeito da natureza dos contratos de assistência e seguro-saúde, para melhor serem entendidos.

A primeira característica refere-se à *bilateralidade* do contrato. O associado ou segurado busca se garantir (e/ou aos seus familiares e pessoas indicadas) contra as conseqüências de certos riscos sociais e pessoais. Para isso, acorda com a administradora do plano ou seguradora, mediante o pagamento de contribuições, em uma só vez ou em prestações, a cobertura dos riscos previstos ou assinalados. A reciprocidade das obrigações está justamente na cobertura de certos eventos relacionados à saúde e no pagamento por esta prestação de serviços.

Cuida-se de um contrato essencialmente *aleatório*. Este termo significa que o ganho ou a perda dos contratantes depende de circunstâncias futuras e incertas. A operadora obterá, normalmente, vantagens se não acontecerem os eventos previstos. Já o segurado terá a cobertura caso ocorrerem as doenças preestabelecidas no contrato.

Considera-se o contrato de *execução continuada*, eis que destinado a vigorar por um período determinado de tempo. Durante a sua existência, vem sempre acompanhando o risco, podendo ocorrer as eventualidades assinaladas no contrato entre o seu início e o seu término.

Na *adesividade*, estava o cunho mais nítido do contrato, especialmente antes da Lei nº 8.078 (Código de Defesa do Consumidor), de 11.09.1990, e da Lei nº 9.656. As cláusulas já vinham prontas e uniformes na generalidade dos contratos, com muitas restrições contra o segurado. Ainda assim continua, embora reduzidas as limitações dos direitos do segurado ou filiado. Aliás, a

Planos de Assistência e Seguros de Saúde **19**

natureza técnico-operacional que envolve as operações impõe a elaboração de contratos por meio de formulários uniformes, que reproduzem cláusulas extraídas de regulamentos e estatutos das entidades.

6 - A lei vigente

Com o surgimento da Lei nº 9.656, de 03 de junho de 1998, uma nova realidade passou a vigorar. Várias as mudanças que ocorreram. Dentre elas, pode-se destacar que foram definidas com mais clareza as entidades que prestam o serviço.

Com a nova lei, as empresas passam a ser co-responsáveis pela saúde da população que atende, e os consumidores podem comparar antes de se decidir por um plano ou outro, já que todas as empresas devem ser obrigadas a oferecer, no mínimo, aquilo que determina a lei.

Houve a inclusão de alguns atendimentos que não eram cobertos. Introduziram-se instrumentos de fiscalização das atividades relacionadas à saúde e das operadoras dos planos, com a previsão de penalidades para as infratoras. Estabeleceram-se prazos máximos de carência e foi afastado o prazo mínimo em alguns casos. Incluíram-se doenças de alto risco que antes não eram abrangidas pelos planos. A nova realidade dos planos e seguros de saúde prevê a cobertura de doenças mentais, AIDS e transplantes de rins e córnea, pondo fim às constantes exclusões de clientes com base em critérios abstratos ou unicamente financeiros. No mínimo, procura imprimir a ética e a moral nesse setor. Garantiu-se a continuidade da cobertura para certas pessoas, especialmente para os desempregados, quanto aos planos patrocinados pelas empresas pagadoras, e restou proibido o reajuste das mensalidades de determinados clientes, dentre outras inovações, que adiante serão analisadas com mais profundidade.

A lei veio a atender a política governamental de descentralização do atendimento à saúde, dados os altos custos que vinha suportando o Sistema Único de Saúde - SUS, frente à demanda nacional nesse campo. Representa o reconhecimento da incapacidade dos cofres públicos em suportar as despesas exigidas para um eficiente serviço. Para tanto, era necessário reformular a legislação vigorante, de forma a oferecer à população instrumentos eficientes e idôneos, criando credibilidade e seriedade num setor que sofria sérias precariedades.

7 - As empresas operadoras dos planos e dos seguros de saúde

É importante destacar quem pode atuar no campo dos planos e dos seguros de saúde. Mostra-se necessário apresentar como devem se organizar as empresas que prestam tais serviços. As pessoas jurídicas que operam neste campo são chamadas empresas de saúde ou seguradoras de planos de saúde.

Preocupou-se a lei vigente em disciplinar ditas empresas, estabelecendo o campo em que atuam e os requisitos para sua implantação, com um rígido sistema de fiscalização, de modo a evitar que aventureiros ingressem nesse ramo, o que comprometeria grandemente todo o sistema. Inclusive, como adiante se observará, exige-se o oferecimento de sólidas garantias.

Quatro as formas de organização de sociedades: as operadoras de planos privados de assistência à saúde, as operadoras de seguros privados de assistência à saúde, as empresas de autogestão e as cooperativas.

Segue a explicação de como atua e se organiza cada uma delas.

Planos de Assistência e Seguros de Saúde **21**

7.1 - Operadoras de planos privados de assistência à saúde

Estão elas previstas no inc. I do § 1º do art. 1º da Lei nº 9.656, que expressa: "Operadoras de planos privados de assistência à saúde: toda e qualquer pessoa jurídica de direito privado, independente da forma jurídica de sua constituição, que ofereça tais planos mediante contraprestações pecuniárias, com atendimento em serviços próprios ou de terceiros".

Em primeiro lugar, salienta-se que unicamente as pessoas jurídicas, excluídas, portanto, as físicas, podem participar na organização e implantação dos serviços de saúde. É o que está no art. 1º, § 5º, da lei em exame. Permite-se a participação tanto de sociedades de responsabilidade limitada por quotas, como as sociedades por ações, pois nada em contrário aparece na lei. Ao tempo do regime do Decreto-lei nº 73, de 1966, por força do art. 21, unicamente às últimas permitia-se a atuação.

Mais uma particularidade consta no art. 34 da Lei nº 9.656: faculta-se a constituição, por uma empresa que atua em qualquer setor, de outra com fim único de operar na área dos planos e seguros de saúde.

Em segundo lugar, organizam-se essas empresas para prestar serviços ligados à medicina. Não são estritamente empresas seguradoras. Oferecem atendimentos concernentes à saúde para os associados e seus dependentes habilitados. Filia-se a pessoa a um plano de saúde, pagando mensalidades, recebendo, em contrapartida, serviços médicos, laboratoriais, odontológicos e hospitalares.

Todavia, algumas operadoras de planos de assistência desenvolvem atividades próprias de seguradoras. Não prestam serviços médicos, ambulatoriais e hospitalares. Credenciam profissionais, ambulatórios e hospitais para realizar os serviços ligados à saúde. Posteriormente, efetuam o pagamento diretamente aos prestadores, ou reembolsam os associados. Há casos em que permite total liberdade de escolha de profissionais e de estabelecimentos ambulatoriais ou hospitalares. Reembolsam, depois, os custos, segundo uma tabela previamente estabelecida.

Os planos privados desempenham um sistema de serviços de larga escala, de bom padrão técnico e profissional. As empresas constituem-se ou organizam-se para dar atendimentos relacionados à saúde, prevendo uma série de produtos, como exames, pronto-socorros, internamentos, fornecimento de remédios transporte de doentes. Desenvolvem a prestação de serviços através de médicos e outros profissionais próprios, contratados previamente, nos hospitais sob sua responsabilidade ou conveniados. Comum, ao invés de prestarem pessoalmente os serviços, realizarem convênios e credenciamentos com hospitais, laboratórios, clínicas médicas e odontológicas, médicos, odontólogos e outros profissionais.

Os serviços são mantidos pelas empresas. É o que consta no art. 2º, inc. I, da mesma lei.

É importante destacar que não se trata propriamente de seguro-saúde, embora nada impede que também explorem os seguros.

A essas empresas dirige a lei várias obrigações. Exemplificativamente, o art. 17 ordena o compromisso de manter os serviços ao longo da vigência do contrato, o que não impede a substituição dos prestadores, desde que seja o gabarito da prestação equivalente ao anterior, com a prévia comunicação aos consumidores e ao Ministério da Saúde, num prazo de 30 dias de antecedência, a menos quando haja fraude ou infração a normas sanitárias e fiscais, casos em que se dispensa o prazo.

Verificada a mudança durante o período de internação do cliente, fica o estabelecimento obrigado a mantê-la, e a operadora a pagar as despesas até a alta hospitalar. Na hipótese da substituição por deficiência dos serviços prestados pelo hospital, deve a companhia operadora providenciar na imediata transferência do cliente para um estabelecimento equivalente, mas com serviços eficientes e idôneos.

7.2 - *Operadoras de seguros privados*

As operadoras de seguro estão previstas no art. 1º, § 1º, inc. II, da Lei nº 9.656. Como se percebe, não é incumbência principal das seguradoras a prestação de serviços ligados à saúde. Organizam-se as mesmas para dar custeio aos riscos que se verificam, durante o prazo do contrato, aos segurados. Existe a relação de doenças cujo tratamento é custeado. Há a garantia do custeio de despesas provenientes do tratamento de enfermidades e lesões, assegurada a livre escolha de médicos e hospitais, sempre dentro de uma tabela de preços e custos previamente elaborada. Este o sentido que o inc. II do art. 2º encerra, ao determinar que compete às seguradoras, "nos seguros privados de assistência à saúde, reembolsar o segurado, ou, ainda, pagar por ordem e conta deste, diretamente aos prestadores, livremente escolhidos pelo segurado, as despesas advindas de eventos cobertos, nos limites da apólice".

Permite-se certa liberdade de escolha do médico e dos hospitais, porquanto, pelo parágrafo único do art. 2º, faculta-se às empresas apresentar a relação de prestadores de serviços de assistência à saúde.

Outrossim, é realçada a previsão de custear as despesas, e não do reembolso, desde que haja convênios com hospitais e médicos. Esta modalidade de plano de saúde que as empresas mantêm revela-se mais conveniente, posto que, inúmeros casos não possui o cliente condições de arcar com os custos.

7.3 - *Empresas prestadoras de serviços de saúde por autogestão ou administração*

Trata-se de outra forma de prestar serviços ligados à saúde, como prevê o § 2º do art. 1º da Lei nº 9.656, na redação da Medida Provisória nº 1.801, de 25.03.1999.

O que é autogestão?

Corresponde a um plano de saúde que certas empresas, em geral de grande porte, mantêm, com um corpo médico próprio, fornecendo, não raramente, serviços hospitalares, laboratoriais e odontológicos. Elas mesmas controlam e gerenciam o atendimento a seus empregados ou funcionários, que podem participar no custeio para a manutenção.

A administração por autogestão normalmente compra serviços, ou produz serviços próprios, para a empresa que os organiza. Comum, também, a formação de uma entidade que presta serviços para grupo de empresas. Os participantes - empresas e respectivos funcionários - dividem, no todo ou em parte, as despesas após a sua realização, geralmente dentro de limites fixados nos documentos de adesão.

A matéria vem regulada na Resolução nº 5, de 03.11.1998, do Conselho de Saúde Suplementar - CONSU. Seu art. 1º bem define a quem se destina esta espécie de atendimento: o sistema é destinado exclusivamente a empregados ativos, aposentados, pensionistas e ex-empregados, bem como a seus respectivos grupos familiares definidos, de uma ou mais empresas, ou ainda a participantes e dependentes de associações, sindicatos ou entidades de classes profissionais.

Como se organiza o atendimento por autogestão?

Efetiva-se através de órgãos internos das empresas, entidades sindicais, fundações, caixas ou fundos de previdência privada e outras entidades jurídicas de direito privado sem finalidade lucrativa, formadas precipuamente para este fim.

A administração dos recursos assistenciais próprios, o credenciamento e as contratações serão realizadas pela própria empresa de autogestão. Não se permite a terceirização, ou a contratação de outra entidade para que desempenhe tais funções. Todavia, é autorizada a prestação dos mesmos serviços de forma coligada entre

Planos de Assistência e Seguros de Saúde 25

várias empresas. Ou seja, nada impede que duas ou mais empresas, através de convênios, se unam para o atendimento dessa importante função.

Não se pense que unicamente as empresas com serviço de autogestão arcam com os custos. Os usuários ou beneficiários podem ser chamados a participar financeiramente, mediante o pagamento de mensalidades. Outrossim, abre a lei espaço para os mesmos participarem na administração da autogestão.

Finalmente, as pessoas jurídicas que mantêm esta forma de sistema devem pedir a concessão de registro junto ao Ministério da Saúde.

7.4 - Cooperativas

As cooperativas constituem mais um tipo de entidades autorizadas a prestar o serviço de assistência à saúde, desde que dirigido para os cooperativados. Efetua-se a assistência por meio dos próprios funcionários cooperativados ou de profissionais contratados. Forma-se um grupo de pessoas que se organizam na estrutura da cooperativa, compartilhando todos os custos e vantagens.

Nessa modalidade, exemplo típico é a conhecida UNIMED, pretende-se viabilizar uma forma de prática profissional sem a intermediação de terceiros. O médico cooperativado atende os pacientes vinculados à entidade mediante pré-pagamento, ou recebe proporcionalmente aos seus atendimentos, deduzidas as despesas de custeio, e, ao final do exercício, pode fazer jus aos resultados da cooperativa. Muitos apregoam tratar-se de um sistema ideal, não diferindo, porém, na prática, das "medicinas em grupo".

8 - O âmbito geral da assistência à saúde

Todos os campos ligados à saúde podem ser objeto dos planos de assistência e dos planos de seguro. É o que

26 *Planos de Assistência e Seguros de Saúde*

consta do art. 1º, § 3º, da Lei nº 9.656, ao permitir a abrangência da totalidade das "ações necessárias à prevenção da doença e à recuperação, à manutenção e à reabilitação da saúde". De sorte que não impede a lei a inclusão nos planos de todo tipo de assistência e de todo meio de medicação e recuperação. Permite-se total liberdade para inserir qualquer atendimento, mesmo quanto às doenças mais crônicas e aos estados físicos e psíquicos irrecuperáveis.

Resta evidente que, no dispositivo acima, a previsão é geral. Mais adiante serão colocados os planos específicos, dentro de cada qual há uma relação de serviços de assistência e de atendimentos.

9 - Participação das empresas estrangeiras nos planos de assistência e de seguro

É possível a participação de empresas estrangeiras nos planos internos de saúde e de seguro?

O art. 199, § 3º, da Constituição Federal coloca um óbice: "É vedada a participação direta ou indireta de empresas ou capitais estrangeiros na assistência à saúde no País, salvo nos casos previstos em lei". Nota-se a ressalva *salvo nos casos previstos em lei*. E o § 4º do art. 1º da Lei nº 9.656 constitui exceção, ao permitir a participação de empresas estrangeiras na formação do capital de empresas de assistência à saúde no País.

De modo que é oferecida uma abertura para constituir ou participar do capital, ou do aumento de capital, de pessoas jurídicas de direito privado brasileiras. Convém ressaltar que a empresa estrangeira está vedada de isoladamente implantar planos de assistência ou seguro. Nada impede, porém, de participar de empresas brasileiras.

Planos de Assistência e Seguros de Saúde **27**

Lembra-se que, anteriormente, a Lei nº 8.008, de 1990, proibia mesmo a participação, salvo através de doações.

10 - Órgãos públicos encarregados do controle das empresas e dos planos e seguros

As empresas que atuam no campo da assistência à saúde e dos planos de seguro-saúde devem submeter-se aos órgãos públicos encarregados, pela lei, para expedir normas, determinar condutas e fiscalizar.

Em primeiro lugar, encontra-se o Ministério da Saúde, que é o coordenador de todo o sistema ligado à saúde. Em última instância, ao referido Ministério compete determinar a política e as normas que os demais órgãos devem formalizar e cumprir. Efetivamente, o Ministro da Saúde é a autoridade máxima, à qual submetem-se as demais autoridades.

Não se pense, todavia, que o Ministro da Saúde tem poderes absolutos. Existe uma estruturação de órgãos com competências e capacidades para as diversas funções e atividades atribuídas às empresas que atuam no campo da saúde.

O art. 35-C enumera as principais funções do Ministério da Saúde, como formular e propor a outros órgãos as normas e os procedimentos relativos à prestação de serviços; exercer o controle e avaliação dos serviços prestados; avaliar a capacidade das operadoras e os mecanismos de regulação que utilizam; fiscalizar a sua atuação e o cumprimento das normas; aplicar as penalidades e manter os registros provisórios das empresas e dos produtos oferecidos ao público.

Os órgãos diretamente ligados ao comando das empresas e dos planos são os que seguem:

28 *Planos de Assistência e Seguros de Saúde*

10.1 - Conselho de saúde suplementar

Este é o principal órgão depois do Ministério da Saúde, em vista das inúmeras funções que lhe são reservadas.

Sua composição é colegiada, integrado por alguns Ministros ou seus representantes (da Saúde, da Fazenda e da Justiça) e vários outros órgãos federais ligados à saúde e a seguros.

Os artigos 35-A e 35-B, em redação vinda da Medida Provisória presentemente sob n° 1.801, tratam de sua composição e das funções.

Quanto às funções ou competência, desponta como a principal deliberar sobre questões relacionadas à prestação de serviços de saúde suplementar nos aspectos médico, sanitário e epidemiológico.

Em seguida, cabe-lhe a regulamentação das atividades das operadoras de planos e seguros.

E mais:

- a fixação de diretrizes para a cobertura assistencial;

- o estabelecimento de critérios para credenciamento e descredenciamento de prestadores de serviços às operadoras;

- a indicação de parâmetros de qualidade e de cobertura nos serviços ligados à assistência e seguros;

- a expedição de normas de fiscalização, controle e aplicação de penalidades;

- a emissão de regras para intervenção técnica nas operadoras;

- a apresentação de condições mínimas, de caráter técnico-operacional, dos serviços de assistência à saúde;

- a formulação de normas para o ressarcimento ao Sistema Único de Saúde, quando este presta serviços que deveriam ser executados pelas operadoras.

Estabelecer normas, ou a função de normatizar, esta a mais relevante que lhe reconhece a lei. Desde que se mantenha nos limites de regulamentação, não exorbitando desta função, cabe-lhe explicitar os conteúdos dos artigos da Lei nº 9.656, ou trazer adendos complementares, tornando-os aplicáveis. Nesta ordem, está afeto ao mencionado Conselho estabelecer os requisitos para qualificação das operadoras; implantar novas doenças ou riscos a serem incluídos nos planos.

Desde o começo da vigência da lei, procurou o Conselho colocar em prática esta importante incumbência, através da emissão de várias resoluções, como a de nº 10, introduzindo o "Rol de Procedimentos Médicos e de Saúde", e fornecendo a definição e o conteúdo da cobertura assistencial no Plano Ambulatorial, e das coberturas de consultas médicas, de serviços de apoio médico, e de uma grande série de procedimentos: hemodiálise, quimioterapia, radioterapia etc. Por sua vez, a Resolução nº 11 tratou da cobertura dos tratamentos de transtornos psiquiátricos, enquanto a de nº 12 previu a cobertura de transplantes e de seus procedimentos.

Não resta dúvida que, na prática, será o mencionado Conselho, mais conhecido como CONSU, que desempenhará grandes funções. As suas resoluções interessam a todos quantos atuam no setor, devendo ser constantemente observadas, visto que trazem regras a serem praticadas nas operações, inclusive alterando o rol de procedimentos nos diversos planos.

10.2 - Conselho Nacional de Seguros Privados - CNSP

Este Conselho já existia desde o começo da regulamentação dos seguros no Brasil, recebendo relevantes funções do Decreto-lei nº 73, de 1966, em seu art. 33. Na Lei vigente, de nº 9.656, o art. 4º deu nova redação ao art. 33 referido, que diz respeito à composição do CNSP, na qual se destacam os Ministérios da Fazenda, da Saúde, da Justiça e da Previdência e Assistência Social, além dos vários outros órgãos especificados.

Quanto à competência, permanece a que está definida no Decreto-lei nº 73, em seu art. 32, citando-se, exemplificativamente, as funções de fixar as diretrizes e normas da política de seguros privados; regular a constituição, organização, funcionamento e fiscalização dos que exercem atividade subordinada ao seguro; estipular índices e demais condições técnicas sobre tarifas, investimentos e outras relações patrimoniais a serem observadas pelas sociedades seguradoras, e fixar as características gerais dos contratos de seguro.

Parece evidente que o CNSP terá as funções restritas unicamente aos contratos de seguro, e não aos planos de assistência.

10.3 - Superintendência de Seguros Privados - SUSEP

Consiste em um órgão autárquico, sendo muito conhecido pela constante e direta intervenção junto às seguradoras. É a quem administrativamente se recorre nos conflitos entre segurados e seguradoras.

Dentre as funções indicadas no art. 5º da Lei nº 9.656, na redação da Medida Provisória nº 1.801, despontam as seguintes: autorizar o registro, os pedidos de funcionamento, cisão, fusão, incorporação, alteração ou transferência do controle societário das operadoras de planos privados de assistência à saúde; a fiscalização das empresas de planos de saúde; proceder à liquidação extrajudicial das empresas; aplicar as penalidades cabíveis.

Devem as empresas que atuam no ramo cadastrar-se na SUSEP, com a relação dos produtos comercializados devidamente registrados no Ministério da Saúde, tendo para tanto o prazo de 120 dias, quanto às seguradoras, e de 240 dias, já para as administradoras de planos, a iniciar da vigência da lei, para conseguir o registro provisório, até que o CNSP emita as normas definitivas (art. 9º, na redação da Medida Provisória nº 1.801).

Planos de Assistência e Seguros de Saúde 31

As empresas que já atuavam no setor terão o prazo de 180 dias, mas a iniciar a partir da regulamentação das normas pelo CNSP, para requerer a autorização definitiva de funcionamento.

Conveniente lembrar que a Lei nº 9.656 entrou em vigor 90 dias após a data da publicação, que aconteceu em 04.06.1998. Por conseguinte, o início da vigência foi em 03.09.1998. De modo que a providência de cadastro deveria ser cumprida até o início de janeiro de 1999.

Mesmo que não se cadastrarem, persiste a responsabilidade das empresas.

11 - Os requisitos para o funcionamento das operadoras

Uma série de exigências estabelece a lei para o funcionamento das empresas que atuam no setor da saúde, tanto nos planos de assistência como nos seguros.

Resta claro que não basta a simples constituição de uma pessoa jurídica, voltada para as referidas atividades.

O art. 8º da Lei nº 9.656 é que discrimina os requisitos, para as empresas que mantêm plano de assistência, os quais são os seguintes, além dos atos de constituição da pessoa jurídica, que tanto pode ser por ações como por quotas:

I - registro nos Conselhos Regionais de Medicina e Odontologia, conforme o caso, em cumprimento ao disposto no art. 1º da Lei nº 6.839, de 30.10.1980;

II - descrição pormenorizada dos serviços de saúde próprios oferecidos e daqueles a serem prestados por terceiros;

III - descrição de suas instalações e equipamentos destinados à prestação de serviços;

IV - especificação dos recursos humanos qualificados e habilitados, com responsabilidade técnica, de acordo com as leis que regem a matéria;

V - demonstração da capacidade de atendimento em razão dos serviços a serem prestados;

VI - demonstração da viabilidade econômico-financeira dos planos privados de assistência à saúde oferecidos, respeitadas as peculiaridades operacionais de cada uma das respectivas operadoras;

VII - especificação da área geográfica coberta pelo plano privado de assistência à saúde.

Para as empresas que operam com planos de seguro-saúde, o parágrafo único do art. 8º separa os requisitos dispensados para os planos de seguro-saúde.

Esses dispositivos são os dos incisos I, II, III e V, acima transcritos, e que dizem respeito ao registro nos Conselhos Regionais de Medicina ou Odontologia, a descrição dos serviços a serem prestados, a descrição das instalações e equipamentos e a demonstração da capacidade técnica.

Já no tocante às empresas que atuam na modalidade de autogestão, dispensam-se os requisitos dos incisos VI e VII, que correspondem à demonstração da viabilidade econômico-financeira dos planos e a especificação da área geográfica coberta pelo plano.

Quanto ao registro nos órgãos regionais de Medicina e Odontologia, cumpre se obedeçam às normas da Lei nº 6.839, de 30.10.1980; e quanto às cooperativas médicas, deve-se observar a Resolução CFM nº 1.340, de 1990, obrigando a inscrição perante o Conselho Federal de Medicina.

Salienta-se, ainda, que devem os contratos descrever pormenorizadamente os serviços oferecidos, possibilitando que o interessado fique ciente de seu conteúdo, não se permitindo, posteriormente, a redução das ações médicas.

Planos de Assistência e Seguros de Saúde

12 - Elementos do contrato

Visa o contrato de seguro, conforme referido no início, à cobertura dos riscos ligados à saúde, ou visa a garantir à pessoa ou aos seus dependentes, que se encontram inscritos, contra as conseqüências de certos riscos sociais e pessoais.

O art. 16 da Lei nº 9.656 descreve a série de exigências imposta genérica e especificamente em cada contrato, nesta ordem:

I - As condições de admissão;

II - o início da vigência;

III - os períodos de carência para consultas, internações, procedimentos e exames;

IV - as faixas etárias e os percentuais a que alude o *caput* do art.15;

V - as condições de perda da qualidade de beneficiário ou segurado;

VI - os eventos cobertos e excluídos;

VII - as modalidades do plano ou seguro:

a) individual;

b) familiar; ou

c) coletivo;

VIII - a franquia, os limites financeiros ou o percentual de co-participação do consumidor, contratualmente previstos nas despesas com assistência médica, hospitalar e odontológica;

IX - os bônus, os descontos ou os agravamentos da contraprestação pecuniária;

X - a área geográfica de abrangência do plano ou seguro;

XI - os critérios de reajuste e revisão das contraprestações pecuniárias;

XII - número do certificado de registro da operadora, emitido pela SUSEP (redação da Med. Prov. nº 1.801).

Outros requisitos podem vir inseridos, desde que não atinjam os relacionados na lei, como quanto à simples atualização das prestações pela correção monetária, os encargos decorrentes da mora, ao prazo para comunicar a internação, aos hospitais e mesmo profissionais disponíveis (mais nos planos de saúde).

De acordo com o parágrafo único, uma cópia do contrato será obrigatoriamente entregue ao segurado, acompanhada de cópias do regulamento e das condições gerais ou obrigações e direitos, de manuais explicativos e de todo o material que visa a acessar o contratado ao aproveitamento dos benefícios, o que encontra plena consonância com o art. 46 do Código de Defesa do Consumidor.

A fiscalização para a fiel observância no cumprimento das exigências que terão os contratos compete ao Ministério da Saúde, através de procedimentos administrativos descritos na Res. nº 3, de 3.11.1998, e na Res. 18, de 23.03.1999.

13 - Termos, expressões e definiçõse nos planos e seguros de assistência à saúde

Para o perfeito entendimento da Lei nº 9.656, necessário se forneçam os significados de vários termos, expressões, denominações e elementos.

Algumas expressões se encontram definidas e explicadas na Resolução nº 2, de 3.11.1998.

Uma das mais importantes é *doenças e lesões preexistentes*, assim caracterizadas no art. 1º da citada Resolução nº 2: "Definir que doenças e lesões preexistentes são aquelas que o consumidor ou seu responsável saiba ser portador ou sofredor, à época da contratação de planos ou seguros privados de assistência à saúde, de acordo com o art. 11 e o inc. XII do art. 35-A da Lei nº 9.656/98 e as diretrizes estabelecidas nesta Resolução". Como se

Planos de Assistência e Seguros de Saúde 35

percebe, tais males preexistiam ao contrato e eram do conhecimento do segurado.

O termo *segmentação* significa cada um dos tipos de planos de que trata o art. 12 da Lei nº 9.656. Significa uma determinada cobertura, estabelecida segundo o plano escolhido.

Já a *cobertura parcial temporária* corresponde "àquela que admite, num prazo determinado, a suspensão da cobertura de eventos cirúrgicos, leitos de alta tecnologia e procedimentos de alta complexidade, relacionados às doenças e lesões preexistentes, assim caracterizadas conforme o *caput* do art. 1º desta resolução" (redação dada ao inc. II do art. 2º da Res. nº 2, pela Res. nº 15, de 23.03.1999).

Tem-se a inclusão de cláusula que autoriza a suspensão de intervenções e coberturas de eventos cirúrgicos, e outros procedimentos e serviços complexos e de alta tecnologia, durante um prazo fixado de vinte e quatro meses a contar da data da assinatura do contrato.

A palavra *agravo* expressa aumento de encargos, ou elevação de contraprestações, em vista da introdução de novas modalidades de serviços ou atendimentos no contrato ou na sua prestação, isto é, "qualquer acréscimo no valor da contraprestação paga ao plano ou seguro de saúde".

Além dos conceitos vistos acima, há, também, inúmeras definições importantes para melhor entender os contratos, como as que se passa a expor, que normalmente se encontram em alguns dos planos ou seguros:

Acidente pessoal - Trata-se do evento com data e ocorrência caracterizadas, exclusivo e diretamente externo, súbito, violento e involuntário, causador de lesão física que por si só e independentemente de toda e qualquer outra causa, torne necessária a internação hospitalar ou o atendimento em regime ambulatorial.

Análise e aceitação de risco - Análise que a empresa efetua em cada proposta de plano de saúde ou seguro, correspondente à Declaração de Saúde recebida, com a finalidade de verificar o grau do risco apresentado pelo interessado a ser por ela assumido.

Aniversário - Data do término do prazo de vigência do plano ou da apólice ou de cada renovação destes.

Apólice - Utilizada nos casos de contratação de seguro-saúde. Apenas é pactuada com seguradoras. É o instrumento do contrato celebrado entre o segurado titular e a seguradora.

Carência - Período de tempo, a contar da data de adesão ao plano ou seguro, durante o qual o segurado ou assistido, mesmo pagando o prêmio, não tem direito a determinadas coberturas.

Caso Clínico e/ou Cirúrgico em fase aguda - Doença ou lesão, com evolução curta e nítida, que, no momento do atendimento, acarreta sofrimento físico intenso ou risco imediato à vida.

Cirurgia eletiva - Procedimento cirúrgico, constante das tabelas de procedimentos médico-hospitalares dos planos ou seguros, que pode ser efetuado em data de escolha do paciente ou de seu médico, desde que a data escolhida não comprometa a eficácia do tratamento.

Cobertura - Cuida-se da garantia, dentro dos limites e modalidades previstos nos contratos, de reembolso ao segurado das despesas ambulatoriais e hospitalares havidas, ou o pagamento das despesas por conta e ordem do segurado diretamente às pessoas físicas e jurídicas prestadoras de serviços.

Cobertura de remissão - Visa a oferecer a quitação, por período contratual determinado, dos prêmios dos dependentes do segurado titular, em caso de falecimento deste.

Cobertura parcial temporária - Permite a suspensão, por prazo determinado, da cobertura de eventos cirúrgicos, leitos de alta tecnologia e procedimentos de alta complexidade, relacionados às exclusões sobre quaisquer doenças específicas, doenças ou lesões preexistentes e qualquer outra a elas referentes.

Condições gerais - Conjunto de cláusulas contratuais que estabelecem obrigações e direitos de ambas as partes contratantes.

Consulta médica - Encontro médico-paciente para fins diagnósticos, através de anamnese e exame físico do paciente (com a possibilidade de exames complementares), ou para acompanhamento da evolução de uma doença.

Corretor - É o intermediário, pessoa física ou jurídica, legalmente autorizado pela Superintendência de Seguros Privados - SUSEP a angariar e promover contratos de seguro-saúde. A escolha do corretor é de inteira e exclusiva responsabilidade do interessado, de acordo com o disposto no Decreto-lei nº 73, de 21 de novembro de 1966, e na Lei nº 4.594, de 29 de dezembro de 1964.

Data de adesão - Dia subseqüente ao da quitação, na rede bancária, do primeiro prêmio mensal.

Declaração de saúde - Documento formal e legal anexo e parte integrante da proposta de seguro ou plano de saúde, que tem como objetivo principal, quando for o caso, relacionar todas as doenças de conhecimento prévio do interessado à assinatura da proposta, em relação a ele próprio e a todos seus dependentes.

Dependentes seguráveis - São as pessoas efetivamente incluídas na proposta pelo segurado titular. São o cônjuge, companheiro(a) e os filhos, ou outros assim considerados pela legislação do Imposto de Renda e/ou da Previdência Social.

Emergência - Evento que implique risco imediato de vida ou de lesões irreparáveis para o paciente. Para a caracterização da emergência, poderá ser exigida a apresentação de relatório médico e de exames complementares que a comprovem.

Endosso ou aditivo - Documento emitido pela seguradora, que expressa alteração da apólice.

Entrevista qualificada - Entrevista na qual o interessado declara à operadora ou seguradora, em formulário próprio destas e com a orientação de médico de sua escolha ou referenciado pelas mesmas, a condição de seu estado de saúde, como também o de seus dependentes incluídos na proposta.

Estipulante - Pessoa jurídica cujos atos constitutivos admitem a estipulação e a administração de seguros de assistência médica e/ou hospitalar.

Evento - Conjunto de ocorrências e/ou serviços de assistência ambulatorial/hospitalar que tenha como origem ou causa o mesmo dano involuntário à saúde do segurado em decorrência de acidente pessoal ou doença.

Evento coberto - Todo o conjunto de ocorrências e/ou serviços de assistência ambulatorial/hospitalar verificados após o início da cobertura e depois de cumpridos os prazos de carência previstos no contrato.

Exames complementares - São os procedimentos de pesquisa diagnóstica constantes das tabelas de procedimentos médico-hospitalares que complementam o diagnóstico e/ou o acompanhamento de uma doença ou lesão.

Garantias básicas - Conjunto de garantias obrigatórias do plano ou seguro-saúde.

Garantias adicionais - São as coberturas pelas quais o segurado pode optar, pagando o valor respectivo pelas mesmas.

Inclusão de segurado - É a aceitação, pela seguradora, do proponente e de seus dependentes à condição de segurados, através de suas inclusões na apólice.

Internação hospitalar cirúrgica - Período no qual o paciente fica hospitalizado para realizar um ato cirúrgico, compreendendo o pré-operatório, o ato cirúrgico e o pós-operatório imediato.

Internação hospitalar clínica - Período no qual o paciente fica hospitalizado para tratamento de doenças que não exigem a realização de um procedimento cirúrgico.

Internação hospitalar programada - Internação hospitalar para tratamentos cirúrgicos ou não que, não sendo urgentes ou de emergência, podem ser programados com antecedência pelo médico assistente.

Leito de alta tecnologia - São as acomodações reservadas a casos que requerem tratamento intensivo, tais como unidade de terapia intensiva (UTI), unidades de terapia semi-intensiva, recuperação pós-anestésica, unidades intermediárias, unidades coronarianas, unidades de tratamento de pacientes queimados, unidades de isolamento, centro de terapia respiratória (CTR) e centro de terapia neonatal (CETIN).

Lista de prestadores referenciados - Tem por objetivo facilitar a utilização do plano ou seguro, cabendo ao paciente escolher livremente o profissional desejado, dentre a relação de médicos especialistas, hospitais, prontos-socorros, clínicas, laboratórios e demais estabelecimentos na área da medicina, opcionalmente colocada à disposição do segurado que, ao utilizar um desses profissionais, não necessitará desembolsar qualquer quantia, desde que observadas as restrições e os respectivos limites do plano ou seguro contratado.

Livre escolha - Direito que tem o segurado de escolher qualquer prestador de serviços legalmente habilitado, mesmo que não integrante da rede referenciada, ao qual pagará diretamente pelo serviço, solicitando posteriormente reembolso à seguradora, que o efetuará dentro das condições e limites contratuais.

Parto a termo - Aquele que ocorre entre 38 e 42 semanas após a concepção do feto, realizando-se quando este estiver completamente formado, maduro e pronto para vida extra-uterina.

Prêmio - Importância paga à seguradora ou operadora, na periodicidade prevista na apólice e em contrapartida das garantias oferecidas.

Procedimento de alta complexidade - Procedimentos de alto custo e que requerem estrutura hospitalar e serviços de alto grau de especialização, tais como tomografias computadorizadas, ressonâncias magnéticas, angiografias (digital ou não), bioimpedanciometria, ecocardiogramas, quiomioterapia, litotripsia, radioterapias, braquiterapias, eletroencefalografias, *tilt tests* e seus derivados, polissonografias, endoscopias (digestivas alta e baixa, laparoscópicas, pleuroscópicas, cardíacas, otorrinolaringológicas), testes de função pulmonar, Holters de pressão arterial e freqüência, hemodiálises, diálises peritoniais e hemodiafiltrações, estudos cardíacos hemodinâmicos (cateterismo), estudos de medicina nuclear (cintilográficos ou não), estudos ultra-sonográficos invasivos, câmara hiperbárica e monitorização de pressão intracraniana.

Procedimento estético - Todo procedimento clínico-cirúrgico que não vise à recuperação funcional de um órgão e/ou sistema.

Procedimento/Intervenção ambulatorial - são os procedimentos médicos constantes das tabelas de procedimentos médico-hospitalares que não exijam internação hospitalar.

Proponente - Pessoa que apresenta à seguradora ou operadora proposta contendo seus dados pessoais e condições de saúde, bem como de seus dependentes, com a intenção de contratar o seguro ou plano.

Proposta - Documento formal e legal que contém todas as condições contratuais do plano/seguro, os dados e informações pessoais e a declaração de saúde do proponente e de seus dependentes, preenchido, assinado e apresentado por este à seguradora ou operadora para análise do risco a ser assumido por ela. A proposta conterá as condições gerais do contrato e, se houver, as condições particulares.

Reajuste financeiro - Atualização do valor do prêmio em função da variação dos custos médicos/hospitalares.

Reajuste técnico - Reavaliação do valor do prêmio decorrente de alteração no nível de sinistralidade do seguro.

Rede referenciada - Rede de atendimento composta por prestadores de serviços, pessoas físicas ou jurídicas, habilitados a atender quaisquer eventos cobertos pelo plano ou seguro.

Reembolso - Ressarcimento ao segurado das despesas médicas e hospitalares efetuadas por ele ou por seus dependentes segurados, desde que cobertas pelo seguro. O valor do reembolso será calculado de acordo com o que for estabelecido nas condições gerais dos contratos.

Retorno - Qualquer encontro médico-paciente para fins de entrega e/ou avaliação de resultados de exames complementares, ou exclusivamente para prescrição de medicamentos.

Segurado - É cada participante do seguro, titular ou dependente, ou ainda o conjunto de todos eles.

Segurado titular - Pessoa que contrata o seguro com a seguradora, responsável pelos pagamentos dos prêmios do seguro e pela veracidade das declarações da proposta de seguro.

Seguradora - Cuida-se da companhia seguradora constante da proposta de seguro, registrada na SUSEP, que assume todos os riscos inerentes às coberturas do seguro, nos termos das condições gerais e dos aditivos.

Serviço auxiliar ou serviço complementar - Procedimento constante nas tabelas de procedimentos médico-hospitalares, solicitado por médico, com o objetivo de facilitar ou colaborar com a recuperação da saúde.

Sinistro - termo que define o acontecimento do evento previsto e coberto na apólice.

Tabela de procedimentos médico-hospitalares - Relação de procedimentos médicos, valorizados através de quantidades de unidades de serviços, vigente na seguradora para efeito de cálculo do pagamento das respectivas coberturas e reembolsos, de acordo com o seguro contratado.

Unidade de serviço - Valor, expresso em moeda corrente, que servirá como base de cálculo para determinação dos prêmios mensais e limites de reembolso dos serviços médico-hospitalares, previstos nas condições gerais e nos aditivos (condições particulares), quando houver.

Urgência - São os eventos resultantes de acidentes pessoais ou de complicações no processo gestacional. A empresa poderá exigir, em alguns casos, a apresentação de relatório médico e de exames complementares que comprovem a caracterização da situação de emergência.

14 - Dos planos de assistência e de seguro-saúde

Seguramente, dentro da nova sistemática introduzida na assistência e nos planos de saúde, este assunto é um dos mais importantes. Serão examinados os produtos que as empresas de assistência e as companhias seguradoras oferecem aos interessados. Antes de se decidir por uma opção, deve-se examinar as vantagens que oferece cada plano, o que se concluirá pela verificação dos benefícios ou serviços oferecidos.

A lei coloca para a escolha planos mais ou menos abrangentes. As empresas e companhias não podem afastar-se dos planos que estão na lei. Nem lhes é facultado acrescentar ou reduzir os benefícios e serviços que estão discriminados na lei.

Há o plano referência (ou básico) e os planos especificados ou setorizados.

Procura-se explicar cada um, a começar pelo primeiro, o mais importante.

14.1 - *Plano de assistência e seguro-referência*

Como a denominação está a indicar, trata-se do plano mais abrangente, ou o plano ideal, ou aquele que envolve maior quantidade de itens e serviços oferecidos aos interessados.

Uma vez escolhido, fica o associado, ou cliente, ou segurado, ao abrigo de todos os eventos que podem atingir à saúde, com recursos para o melhor tratamento e recuperação.

Convém examinar o conteúdo do art. 10 da Lei nº 9.656, na redação da Medida Provisória nº 1.801, de 25 de março de 1999, onde vem previsto:

"É instituído o plano ou seguro-referência de assistência à saúde, com cobertura assistencial, médico-hospitalar-odontológica, compreendendo partos e tratamentos, realizados exclusivamente no Brasil, com padrão de enfermaria ou centro de terapia intensiva, ou similar, quando necessária a internação hospitalar, das doenças relacionadas na Classificação Estatística Internacional de Doenças e Problemas Relacionados com a Saúde, da Organização Mundial de Saúde, respeitadas as exigências mínimas estabelecidas no art. 12 desta Lei, exceto".

Adianta-se que no art. 12, referido acima, aparecem os outros planos, com as coberturas ou atendimentos mínimos impostos. Por conseguinte, no plano-referência constarão aqueles atendimentos mínimos.

Nos vários incisos do art. 10, são arroladas as exceções de doenças ou eventos não abrangidos no plano-referência, e que compreendem casos muito especiais, que não envolvem doenças ou distúrbios graves e essenciais à saúde, nem procedimentos exigidos para um tratamento indispensável:

I - tratamento clínico ou cirúrgico experimental (redação da Medida Provisória nº 1.801);

II - procedimentos clínicos ou cirúrgicos para fins estéticos, bem como órteses e próteses para o mesmo fim;

III - inseminação artificial;

IV - tratamento de rejuvenescimento ou emagrecimento com finalidade estética;

V - fornecimento de medicamentos importados não nacionalizados;

VI - fornecimento de medicamentos para tratamento domiciliar;

VII - fornecimento de próteses, órteses e seus acessórios não ligados ao ato cirúrgico (redação da Medida Provisória nº 1.801);

VIII - *inciso* revogado pelo art. 7º da Med. Prov. nº 1.801, de 7.12.1998;

IX - tratamentos ilícitos ou antiéticos, assim definidos sob o aspecto médico, ou não reconhecidos pelas autoridades competentes;

X - casos de cataclismos, guerras e comoções internas, quando declarados pela autoridade competente.

A relação das coberturas aparece no Anexo à Res. nº 10, de 3.11.1998, onde se discriminam centenas de hipóteses abrangidas pelo plano de assistência ou de seguro. A extensão da abrangência consta no art. 2º da mencionada Resolução: "A cobertura assistencial de que trata o plano ou seguro-referência, estabelecido pela Lei nº 9.656/98, compreende todos os procedimentos clínicos, cirúrgicos, obstétricos, odontológicos, os atendimentos de urgência e emergência, representando o somatório das segmentações e as exceções definidas no art. 10 da referida Lei".

Antes de exemplificar alguns casos de atendimento, sendo impossível nomear a totalidade, em vista do grande número existente, é necessário observar os termos do art. 1º da Resolução nº 10, modificado pela Res. nº 15, de 23.03.1999, quando estabelece que "o rol de procedimentos médicos, anexo a essa resolução, deverá ser utilizado pelas operadoras de planos e seguros privados de assistência à saúde como *referência* da cobertura de que tratam os artigos 10 e 12 da Lei nº 9.656/98".

Planos de Assistência e Seguros de Saúde **45**

Nota-se que existe menção especial de que a relação é tomada como *referência*, isto é, devendo os procedimentos ser incluídos no plano. Do contrário, tornar-se-ia um plano particularizado ou especificado. Observando-se o art. 2º da mesma Resolução, neste plano estão incluídos todos os procedimentos clínicos, cirúrgicos, obstétricos, odontológicos, os atendimentos de urgência e emergência.

Todavia, as operadoras estão autorizadas a oferecer os outros planos, além daquele de referência, sendo que este não pode deixar de ser oferecido, consoante determinam o art. 10, § 2º, e o art. 12, § 2º, ambos da Lei nº 9.656, modificados pela Medida Provisória nº 1.801. Há, todavia, uma exceção: para as empresas que mantêm a assistência à saúde pela modalidade de autogestão, e para aquelas que operam exclusivamente nos planos odontológicos, consoante Res. nº 16, de 23.3.1999, não é obrigatória a apresentação do plano ou seguro-referência. Isto, porém, desde que ofereçam elas serviços assistenciais próprios, ambulatoriais e hospitalares, e desde que toda e qualquer assistência seja oferecida gratuitamente, ou sem ônus ao quadro associativo, aos usuários ou beneficiários. Existe um procedimento para as empresas conseguirem a autorização para ficarem dispensadas de oferecer tal plano, consistente em postular a dispensa junto ao CONSU, o qual é disciplinado pela mesma Res. nº 16.

No plano de referência, exemplificam-se as seguintes hipóteses de atendimento: consultas, psicoterapia, tratamento médico a todo tipo de pessoas, inclusive recém-nascidos, reumatologia, nefrologia, anestesia, nutrição, alergologia, cardiologia, terapia, anatomia patológica e citopatologia, electrencefalografia, endoscopia, fisiatria, patologias respiratórias, genética, hemoterapia, bioquímica, hematologia, imunologia, e centenas de outros ramos da medicina e da odontologia. Junto de cada ramo acima especificado subdividem-se os tratamentos

46 *Planos de Assistência e Seguros de Saúde*

oferecidos. Exemplificativamente, quanto à psicoterapia, os serviços abrangem doze sessões anuais. Já no tocante à reumatologia, os procedimentos estendem-se à artrocentese seletiva, à biópsia com agulha, à biópsia do músculo, de glândulas e de pele, e à infiltração ou punção articular e capiloroscopia.

Resta evidente que, para verificar a inclusão de cada serviço no plano, o interessado deverá ter à mão a sua relação completa.

Importante as seguintes observações, que esclarecerão quanto aos direitos dos interessados, de acordo com os vários parágrafos que vêm depois do art. 10, na redação da Medida Provisória nº 1.801:

- Todas as empresas que atuam no setor a partir de 3.12.1999 estão obrigadas a oferecer o plano em questão aos interessados já inscritos e àqueles que se inscreverem. Excetuam-se unicamente as empresas que trabalham na modalidade de autogestão e aquelas dedicadas exclusivamente aos planos odontológicos.

- Ao Conselho de Saúde Suplementar - CONSU, compete a ampliação das coberturas, inclusive no tocante a transplantes e procedimentos de alta complexidade. Nesse sentido, a Res. nº 12, do referido CONSU, de 3.11.1998, já previu a cobertura de transplantes e seus procedimentos, ordenando que seja submetida à lei pertinente - no caso à Lei nº 9.434, de 4.02.1997, e ao Decreto nº 2.268, de 30.6.1997. Foram incluídos os transplantes de rim e córnea, com a obrigação do pagamento das despesas decorrentes. Por conseguinte, inclui-se no Plano Referência a cobertura relativa aos transplantes referidos.

- O tratamento e a cobertura de doenças psíquicas vieram regulamentados pela Res. nº 11, de 3.11.1998, estando previstos o atendimento e a cobertura no art. 1º. Os dispositivos que seguem obrigam a inclusão de certos atendimentos em dois planos específicos, que são

Planos de Assistência e Seguros de Saúde 47

o ambulatorial e o hospitalar. Todavia, deve o atendimento vir incluído no Plano Referência.

No Plano Ambulatorial, são obrigatórios o atendimento de emergência, a psicoterapia de crise e o tratamento básico no sentido de cobertura de serviço de apoio diagnóstico.

No Plano Hospitalar, a obrigação compreende a internação pelo prazo de 30 dias por ano em hospital psiquiátrico ou enfermaria psiquiátrica em hospital geral; o custeio integral, no caso de intoxicação por álcool ou por substâncias químicas, pelo período mínimo de 15 dias por ano.

Esses transtornos psíquicos constituem objeto, também, do Plano de Referência, tanto que no Anexo sobre o Plano de Referência deverá constar a previsão de psicoterapia breve de crise, com a cobertura de 12 sessões anuais.

14.2 - *Planos especificados ou setorizados*

Passa-se a examinar os planos que atendem setores especificados no campo da saúde, quer na assistência, quer no seguro.

Quem optar por um de tais planos, terá o atendimento particularizado em um ramo da medicina e da saúde, sempre respeitadas as respectivas amplitudes de cobertura definidas no plano ou seguro-referência, ou seja, não pode ir além do que prevê o plano referência. É o que determina o art. 12 da Lei nº 9.656, na redação da Medida Provisória nº 1.801. Por conseguinte, cumpre se tenha em vista que o plano ou seguro-referência abrange os demais planos. O art. 3º da Res. nº 10 revela clareza a esse respeito, ao ordenar que as operadoras *poderão, além do plano referência, oferecer alternativamente os planos ou seguro...* Isto é, admite-se que as empresas ofereçam o plano referência, ou, alternativamente, algum dos outros planos, caso o interessado não queira o plano referência.

48 *Planos de Assistência e Seguros de Saúde*

Para uma melhor compreensão da matéria, deve-se abordar, em primeiro lugar, os regimes dos planos vistos. Segue-se na análise de cada tipo de plano, e conclui-se com a extensão temporal e quantitativa dos serviços.

14.2.1 - Quanto à composição ou qualidade dos associados

Neste campo, há três regimes conhecidos:

1) *Contratação individual ou familiar.* É o oferecido ao mercado para a livre adesão dos consumidores, envolvendo a pessoa física com ou sem o grupo familiar. Trata-se do regime mais comum e divulgado.

2) *Contratação coletiva empresarial.* Considera-se o plano dirigido à população delimitada e vinculada a uma pessoa jurídica. Tal população compõe-se ou de empregados de uma empresa, ou de associados, ou de sindicalizados, com a inclusão ou não de dependentes. Ao mesmo tempo em que ingressa o interessado na empresa ou na pessoa jurídica, se implantado o plano, torna-se automaticamente beneficiário, a menos que haja manifestação expressa em contrário.

3) *Contratação coletiva por adesão.* Constitui o regime de plano oferecido por pessoa jurídica para uma massa delimitada de associados, ou em que os associados (funcionários, sócios, sindicalizados) aderem pessoalmente, por livre opção. Formaliza-se o contrato com ou sem opção para incluir os dependentes ou o grupo familiar.

14.2.2 - Quanto aos planos propriamente ditos

Neste campo, a divisão vem no art. 12 da Lei nº 9.656, modificado pela Medida Provisória nº 1.801, preponderando o direito de escolha assegurado aos aderentes. Realmente, desenvolve o dispositivo mais uma relação de direitos aos beneficiários, com um determina-

Planos de Assistência e Seguros de Saúde **49**

do atendimento em cada plano. Ao lado do plano ou seguro-referência, que serve de parâmetro ou apresenta-se como plano ideal, constam previstos alguns com especialidades ou limitações, dirigidos para determinadas áreas da saúde, mas admitindo-se a ampliação das coberturas. Autorizadas ficam as partes a estender a abrangência para outros campos, como também se admite quanto ao considerado padrão ou referência, disciplinado no art. 10.

Nas várias especialidades ou áreas, há um mínimo no atendimento ou a descrição dos serviços obrigatórios, que aparece nas relações que formam o Anexo à Resolução nº 10.

Trazem os incisos do art. 12 os planos referentes aos serviços médicos e hospitalares - incisos I a IV -, e os planos relativos à extensão quantitativa do atendimento, como período de carência, reembolso ou inscrição de filho adotivo - incisos V a VII. A Res. nº 10 também discrimina os setores de atendimento, com alguns detalhamentos. No entanto, a perfeita visão das práticas e serviços está na relação do Anexo.

Prescreve o art. 12 da Lei nº 9.656, na redação da Medida Provisória nº 1.801: "São facultadas a oferta, a contratação e a vigência de planos ou seguros privados de assistência à saúde, nas segmentações previstas nos incisos I a IV deste artigo, respeitadas as respectivas amplitudes de cobertura definidas no plano ou seguro referência de que trata o art. 10, segundo as seguintes exigências mínimas".

Antes de passar para as diversas modalidades, lembra-se que o termo *segmentação*, utilizado no dispositivo, significa, conforme já explicado, e de acordo com o art. 2º da Res. nº 2, de 03.11.1998, cada um dos tipos de planos de que trata o art. 12.

As segmentações, ou planos propriamente ditos, ao lado do plano referência, são os seguintes, na ordem dos incisos I a IV do art. 12 da Lei nº 9.656, e da Res. nº 10:

50 *Planos de Assistência e Seguros de Saúde*

ambulatorial, hospitalar com obstetrícia, hospitalar sem obstetrícia, e odontológico.

Passa-se a descrever os diversos planos, com a determinação dos procedimentos incluídos justamente em vista da especificação do plano ou seguro:

1) *Quando incluir o atendimento ambulatorial.* Este plano tem em conta o atendimento ambulatorial, separadamente ou em conjunto com outros campos.

São obrigatórios os seguintes serviços, em consonância com o art. 12 da Lei nº 9.656 e a Res. nº 10:

- Cobertura de consultas médicas, em número ilimitado, nas clínicas básicas e especializadas reconhecidas pelo Conselho Federal de Medicina.

- Cobertura de serviços de apoio diagnóstico, tratamento e demais procedimentos ambulatoriais, incluindo procedimentos cirúrgicos ambulatoriais, solicitados pelo médico assistente, mesmo quando realizados em ambiente hospitalar, desde que não se caracterize como internação.

O Anexo da Res. nº 10 descreve cada serviço ou atendimento, que é realizado sem necessidade de internação hospitalar.

- Cobertura de atendimentos caracterizados como de urgência e emergência que demandem atenção continuada, pelo período de até doze horas.

- Cobertura de remoção, após realizados os atendimentos classificados como urgência ou emergência, quando caracterizada pelo médico assistente a falta de recursos oferecidos pela unidade para a continuidade de atenção ao paciente ou pela necessidade de internação.

- Cobertura para os seguintes procedimentos considerados especiais: hemodiálise e diálise peritonial - CAPD; quimioterapia ambulatorial; radioterapia (megavoltagem, esioterapia, eletronterapia etc.); hemoterapia ambulatorial.

Excluem-se expressamente: procedimentos diagnósticos e terapêutica em hemodinâmica; procedimen-

Planos de Assistência e Seguros de Saúde **51**

tos que exijam forma de anestesia diversa da anestesia local, sedação ou bloqueio; quimioterapia intra-tecal ou as que demandem internação; radiomoldagens, radioimplante e braquiterapia; nutrição enteral ou parenteral; embolizações e radiologia intervencionista.

2) *Quando incluir internação hospitalar*. Mais completo que o anterior, eis que abrange os serviços hospitalares para o tratamento das moléstias. No entanto, a internação torna-se um direito quando diagnosticada doença que não pode ser curada apenas ambulatoriamente, ou através de simples consultas médicas.

Estes os serviços:

- Cobertura de internações hospitalares, vedada a limitação de prazo, valor máximo e quantidade, em clínicas básicas e especializadas, reconhecidas pelo Conselho Federal de Medicina, admitindo-se a exclusão dos procedimentos obstétricos.

- Cobertura de internações hospitalares em centro de terapia intensiva, ou similar, vedada a limitação de prazo, valor máximo e quantidade, a critério do médico assistente.

- Cobertura de despesas referentes a honorários médicos, serviços gerais de enfermagem e alimentação.

- Cobertura de exames complementares indispensáveis para o controle da evolução da doença e elucidação diagnóstica, fornecimento de medicamentos, anestésicos, gases medicinais, transfusões e sessões de quimioterapia e radioterapia, conforme prescrição do médico assistente, realizados ou ministrados durante o período de internação hospitalar.

- Cobertura de toda e qualquer taxa, incluindo materiais utilizados, assim como da remoção do paciente, comprovadamente necessária, para outro estabelecimento hospitalar, em território brasileiro, dentro dos limites de abrangência geográfica previstos no contrato.

- Coberturas de despesas de acompanhantes, no caso de pacientes menores de 18 anos.

A Res. nº 10, no art. 5º, discrimina especificamente os eventos determinantes da cobertura, não incluindo os atendimentos ambulatoriais para fins de diagnóstico, terapia ou recuperação, a menos que exijam continuidade de assistência, ou se enquadrem como de urgência ou emergência:

I - cobertura de cirurgias odontológicas buco-maxilo-facial que necessitem de ambiente hospitalar;

II - cobertura para os seguintes procedimentos considerados especiais cuja necessidade esteja relacionada à continuidade da assistência prestada a nível de internação hospitalar:

- hemodiálise e diálise peritonial - CAPD;
- quimioterapia;
- radioterapia incluindo radiomoldagem, radioimplante e braquiterapia;
- hemoterapia;
- nutrição parenteral ou enteral;
- procedimentos diagnósticos e terapêuticos em hemodinâmica;
- embolizações e radiologia intervencionista;
- exames pré-anestésicos ou pré-cirúrgicos;
- fisioterapia;
- acompanhamento clínico no pós-operatório e tardio dos pacientes submetidos a transplante de rim e córnea, exceto medicação de manutenção.

Não se incluem, porém, o tratamento em clínica para emagrecimento (exceto em caso de obesidade mórbida), clínicas de repouso, estâncias hidrominerais, clínicas de acolhimento de idosos e internações que não necessitem de cuidados médicos, os transplantes outros que não de córnea e rim, consultas ambulatoriais e domiciliares, atendimento pré-natal se não incluir a cobertura obstétrica.

A relação que aparece no Anexo pormenoriza os serviços acima. Para cada tipo há os procedimentos. Quanto à nutrição paraenteral e enteral, a título de

Planos de Assistência e Seguros de Saúde 53

exemplo, constam os procedimentos de acesso à circulação venosa central, acesso para colocação de sonda enteral, avaliação clínica diária enteral e outros.

3) *Quando incluir internamento hospitalar com atendimento obstétrico*. Além de outras práticas previstas, há alguns serviços ligados ao parto e ao recém-nascido que obrigatoriamente devem constar no contrato:

- Cobertura assistencial ao recém-nascido, filho natural ou adotivo do consumidor, ou de seu dependente, durante os primeiros trinta dias após o parto.

- Opção de inscrição assegurada ao recém-nascido, filho natural ou adotivo do consumidor, no plano ou seguro como dependente, isento de cumprimento dos períodos de carência, desde que a inscrição ocorra no prazo máximo de trinta dias do nascimento.

4) *Quando incluir atendimento odontológico*. Neste plano, além de serviços na área comum da medicina propriamente dita, abrange o atendimento odontológico, num rol de práticas a seguir enumeradas:

- Cobertura de consultas e exames auxiliares ou complementares, solicitados pelo odontólogo assistente.

- Cobertura de procedimentos preventivos, de dentística, incluindo exame clínico, radiologia, prevenção, endodontia, periodontia e cirurgia.

- Cobertura de cirurgias orais menores, assim consideradas as realizadas em ambiente ambulatorial e sem anestesia geral.

14.2.3- *Quanto à extensão temporal e quantitativa dos serviços*

Também há os planos relativos à extensão temporal e quantitativa dos serviços, que obedecem aos seguintes requisitos:

1) *Quando fixar períodos de carência*, ou prazo de pagamento antes de começar a usufruir dos benefícios:

a) prazo máximo de 300 dias para partos a termo;

b) prazo máximo de 180 dias para os demais casos;

c) prazo máximo de 24 horas para a cobertura dos casos de urgência e emergência.

2) *Reembolso, em todos os tipos de plano ou seguro*, nos limites das obrigações contratuais, das despesas efetuadas pelo beneficiário, titular ou dependente, com assistência à saúde, em casos de urgência ou emergência, quando não for possível a utilização de serviços próprios, contratados ou credenciados pelas operadoras definidas no art. 1º (administradoras de planos e de seguros), de acordo com a relação de preços de serviços médicos e hospitalares praticados pelo respectivo plano ou seguro, pagáveis no prazo máximo de trinta dias após a entrega à operadora da documentação adequada.

Estabelece-se, no dispositivo, a obrigação do reembolso, pela seguradora, das despesas que efetuar o segurado ou filiado ao plano, sempre que não for possível a utilização dos serviços próprios, contratados ou credenciados.

Em todos os planos, independentemente de previsão em cláusula, aplica-se a regra.

3) *Inclusão de filho adotivo*, menor de doze anos de idade, aproveitando os períodos de carência já cumpridos pelo consumidor adotante.

No caso, tem cabida a regra quando ocorrer a adoção no curso do contrato. Inviável, dadas as regras que tratam da adoção, se a adoção preexistiu ao contrato.

Na previsão do § 1º do art. 12 da Lei nº 9.656, no texto da Medida Provisória nº 1.801, as especificações ou segmentações dos planos ou seguros devem enquadrar-se numa das formas acima, proibindo-se a contratação diferente a contar de 120 dias da vigência da mesma lei, ou seja, de 4.06.1998, que se verificou em 2 de outubro.

Na disposição do § 2º, a partir de 03.12.1999, antes de contratar um dos planos mínimos acima (incisos I a IV), incumbe à operadora oferecer ao interessado ou segurado o plano ou seguro-referência, devendo ele declarar, em separado, que tem conhecimento da existência e disponibilidade de tal plano e que o mesmo lhe fora oferecido. A declaração fará parte da documentação relativa ao contrato, a ser conservada pela companhia operadora. Com isso, assegura-se ao interessado unicamente o plano referência.

15 - Doenças e Lesões Preexistentes (DLP) à contratação

Lembra-se que doença e lesão preexistentes, definidas na resolução nº 2, correspondem àquelas que já existiam quando da assinatura do contrato e que eram do conhecimento do associado ou segurado.

Sem dúvida este é o ponto que mais gerou discussões e ações judiciais, frente à negativa das empresas operadoras de planos ou seguros de saúde em cobrir certos eventos, alegando que o cliente já possuía a lesão ou doença antes de contratar o seguro ou plano.

Seguidamente as seguradoras recusavam-se a efetuar a cobertura em razão da preexistência da doença que determinou a despesa, e mormente se provocou o evento letal, não tendo o segurado informado, quando do contrato, que era portador da moléstia. Acontece que, em grande parte das vezes, o segurado nem estava ciente da exigência da lei, ou da gravidade da moléstia. As seguradoras aceitavam a proposta, em geral preenchidas por seus prepostos, sem nenhum conhecimento dos interessados dos dados que vinham impressos previamente nos documentos. Competia, realmente, à seguradora precaver-se, e exigir exames médicos sobre o estado de saúde do aderente.

15.1 - Quando a lei considera preexistente a doença ou a lesão

Resolvendo o problema, o art. 11 da Lei nº 9.656 dirime a questão, se surge a moléstia depois de vinte e quatro meses após a formação do contrato. De acordo com o dispositivo acima, é "vedada a exclusão de cobertura às doenças e lesões preexistentes à data de contratação dos planos ou seguros de que trata esta Lei após vinte e quatro meses de vigência do aludido instrumento contratual, cabendo à respectiva operadora o ônus da prova e da demonstração do conhecimento prévio do consumidor".

Portanto, depois de 24 meses da assinatura do contrato não poderá ser alegada a doença ou lesão preexistente, para efeito da não-cobertura.

Em vista do artigo acima, desconsidera-se a falta de informação se o risco surge depois de vinte e quatro meses da assinatura do contrato. Entrementes, diante da parte final do dispositivo, se aparecer antes a doença, a responsabilidade, ou o ônus da prova, de que o consumidor já a conhecia é da operadora.

15.2 - A cobertura parcial temporária durante o prazo de carência

A Res. nº 17, de 23.03.1999, regulamentou o artigo 11 da Lei 9.656. O § 1º de seu art. 1º ordena que, durante o período de vinte e quatro meses em que se admite a exclusão, constante do *caput* do art. 11 da Lei nº 9.656, as operadoras de planos ou seguros estão obrigadas a oferecer a cobertura parcial temporária prevista na Res. nº 2. Lembra-se, novamente, que cobertura parcial temporária corresponde àquela na qual é permitida, num prazo determinado, a sua suspensão se disser respeito a eventos cirúrgicos, leitos de alta tecnologia e procedimentos de alta complexidade, ligados a doenças ou lesões preexistentes.

15.3 - O agravo dos custos como alternativa à cobertura parcial temporária

De outro lado, o § 2º do artigo 1º da Res. nº 17 impõe que, a partir de 3 de dezembro de 1999, é obrigatório o oferecimento de agravo para todos os novos contratos de planos, como alternativa à cobertura parcial temporária. Ou seja, se não realizada a opção pela cobertura parcial temporária, as operadoras serão obrigadas a aumentar o preço dos novos contratos, nos casos de doença ou lesão preexistentes.

Se as operadoras pretenderem oferecer o agravo durante o período que vai até 3 de dezembro de 1999, deverão fazer a opção, informando ao Ministério da Saúde até 15 de abril de 1999 (§ 3º do art. 1º). Nota-se do dispositivo a faculdade - *As operadoras ... que quiserem o oferecimento de agravo, durante o período aludido no* caput - período esse que vai até 3 de dezembro de 1999.

Há normas rígidas no tocante aos procedimentos e serviços que comportam ou justificam o aumento do valor do prêmio. Não se incluem, a toda evidência, atendimentos ou serviços para doenças e lesões não preexistentes, e nem àquelas que não exigem um tratamento fora do normal. A enumeração está no art. 2º da mesma Res. nº 17:

a) O agravo pode ser aplicado apenas à patologia que requeira evento cirúrgico, e/ou uso de leitos de alta tecnologia, e/ou procedimentos de alta complexidade, exclusivamente relacionados a ela.

b) O agravo deverá ser oferecido como alternativa à cobertura parcial temporária, obrigatoriamente para todos os novos contratos de todos os planos ou seguros de assistência à saúde em operação.

c) As despesas que irão compor o cálculo da operadora de planos ou seguros privados de assistência à saúde para agravar as contraprestações devem limitar-se àquela doença ou lesão preexistente caracterizada de acordo com a Resolução nº 2, de 3 de novembro de 1998.

d) A metodologia adotada para o cálculo de que trata a alínea anterior deve contemplar a diluição do impacto econômico-financeiro pelo universo de consumidores assinados pelo plano ou seguro de assistência à saúde.

Outras disposições aparecem, como a demonstração dos cálculos dos custos do agravo, quando da solicitação pelo Ministério da Saúde; e a permissão, para as empresas que já tenham adotado o agravo, de somente oferecerem a cobertura parcial temporária nos novos contratos a serem firmados até 2 de dezembro de 1999.

15.4. Requisitos para a suspensão da cobertura de doenças ou lesões preexistentes

A suspensão da cobertura por sinistro ocorrido antes do prazo de vinte e quatro meses da assinatura do contrato unicamente é permitida depois de feita a prova, pela operadora, do conhecimento antecedente por parte do consumidor, forte no parágrafo único do art. 11 da Lei nº 9.656, introduzido pela Med. Prov. nº 1.801: "É vedada a suspensão da assistência à saúde do consumidor, titular ou dependente, até a prova de que trata o *caput*, na forma da regulamentação a ser editada pelo CONSU".

Por sua vez, o inc. II do art. 35-H estabelece, para os contratos celebrados anteriormente à vigência da Lei nº 9.656, que a alegação de doença ou lesão preexistente estará sujeita à prévia regulamentação da matéria pelo CONSU.

A Res. nº 2, de 3.11.1998, do CONSU, oferece um caminho para saber, no art. 1º, quais as doenças e lesões preexistentes: "Definir que doenças e lesões preexistentes são aquelas que o consumidor ou seu responsável, saiba ser portador ou sofredor, à época da contratação de planos ou seguros privados de assistência à saúde, de acordo com o art. 11 e o inc. XII do art. 35-A da Lei nº 9.656/98 e as diretrizes estabelecidas nesta Resolução".

15.5 - Permissão do agravo ou da opção pela cobertura parcial temporária nos casos de doenças e lesões preexistentes

Necessário observar quando é permitida, em se tratando de *doenças ou lesões preexistentes*, a inclusão de cláusula de agravo ou de cobertura parcial temporária, matéria que aparece na Res. nº 14, de 3.11.1998, em seu art. 5º e incisos:

a) No plano ou seguro individual ou familiar, é autorizada a inclusão de cláusula de agravo dos custos ou de cobertura parcial temporária, com prazo de carência.

b) No plano ou seguro sob o regime de contratação coletiva empresarial, *com número de participantes maior ou igual a cinqüenta*, proíbem-se o agravo e a cláusula ou cobertura parcial temporária, e nem é permitida a exigência de cumprimento de prazos de carência.

c) No mesmo sentido quanto ao plano ou seguro sob regime de contratação coletiva por adesão, com igual número de participantes constante no item acima, com a diferença de que se autoriza a cláusula de carência.

d) No plano ou seguro coletivo empresarial, quando *o número de participantes for inferior a cinqüenta*, é autorizada cláusula de agravo ou cobertura parcial temporária, com a inclusão de prazo de carência (redação dada ao item III do art. 5º pela Res. nº 15, de 23.03.1999).

e) Igualmente quanto ao plano ou seguro sob regime de contratação coletiva por adesão com o número de sócios ou segurados especificado no item acima, admitindo-se a exigência de prazo de carência.

16. Renovação automática dos contratos após o vencimento

Torna-se obrigatória a renovação do contrato após o vencimento. Não assiste à operadora a simples recusa em continuar com o contrato. Aliás, uma vez celebrado um primeiro contrato, nem mais caberia a renovação, ou nem precisaria colocar nele um prazo de duração. Unicamente ao associado ou segurado reconhece-se o direito de continuar na contratação. Para ele apenas teria sentido a colocação de um prazo de duração, como faculdade para não mais renová-lo se lhe faltar interesse.

Um entendimento diferente pode levar as seguradoras a fixar prazos inferiores ao próprio período de carência, com a rescisão mesmo antes de o consumidor iniciar a usufruir de todos os benefícios.

O art. 13 da Lei nº 9.656 revela-se claro a respeito: "Os contratos de planos e seguros privados de assistência à saúde têm renovação automática a partir do vencimento do prazo inicial de vigência, não cabendo a cobrança de taxas ou qualquer outro valor no ato da renovação".

Anteriormente à presente lei, permitia-se a rescisão unilateral, após um período estabelecido, em cláusulas que vinham com teor mais ou menos nestes termos:

- O prazo de vigência da apólice é de doze meses, contados da data de sua emissão, renovável automaticamente, se não houver manifestação expressa em contrário.

- A seguradora ou o segurado, mediante aviso prévio, ou por escrito de, no mínimo, trinta dias do término de vigência da apólice, poderá deixar de renová-la.

Ora, a prevalecer a faculdade constante nas cláusulas acima, nada impede que se forme o seguinte quadro: o segurado renova ininterruptamente o contrato por vários anos, e quando atingir uma idade de maior incidência de fragilidades, ver simplesmente manifestada a recusa, ou ficar surpreendido com a comunicação de não mais interessar a renovação.

Há incompatibilidade com a boa-fé e a eqüidade (art. 51, inc. IV, da Lei nº 8.078, de 1990), visto que o

Planos de Assistência e Seguros de Saúde **61**

seguro se torna mais necessário no estágio da vida em que se encontra o segurado. Ao mesmo tempo, fica introduzida uma autorização para o fornecedor rescindir a apólice (art. 51, inc. XII, do CDC), eis que se permite a alteração unilateral.

Os doutrinadores, para evitar abusos e garantir a continuidade do contrato, criaram um princípio que leva a manter-se sempre o contrato. Esse princípio constitui a característica que chamam de *catividade*.

O que significa a palavra?

Tem a mesma o sentido de obrigação de fazer, obrigação essa que se estende através do tempo, gerando uma expectativa de continuidade nas coberturas. Bem desenvolve Demócrito Ramos Reinaldo Filho o assunto: "O consumidor mantém uma relação de convivência e dependência com o fornecedor por longo tempo (às vezes por anos a fio), movido pela busca de segurança e estabilidade, pois, mesmo diante da possibilidade de mudanças externas na sociedade, tem a expectativa de continuar a receber o objeto contratualmente previsto. Essa finalidade perseguida pelo consumidor faz com que ele fique reduzido a uma posição de cliente 'cativo' do fornecedor. Após anos de convivência, pagando regularmente sua mensalidade, e cumprindo outros requisitos contratuais, não mais interessa a ele desvencilhar-se do contrato, mas sim de que suas expectativas quanto à qualidade do serviço oferecido, bem como da relação dos custos, sejam mantidas. Também contribui para seu interesse, na continuação da relação contratual, a circunstância de que esses serviços (de longa duração) geralmente são oferecidos por um só fornecedor ou por um grupo reduzido de fornecedores, únicos que possuem o poder econômico, o *know how* ou a autorização estatal que lhes permite colocá-lo (o serviço) no mercado. Nessa condição, a única opção conveniente para o consumidor passa a ser a manutenção da relação contratual" (*O seguro-saúde como contrato cativo de longa duração:*

62 *Planos de Assistência e Seguros de Saúde*

aspectos referentes ao reajuste das mensalidades e ao direito de rescisão, em Repertório IOB de Jurisprudência, nº 3/114387, p. 204, 1998).

Mais no sentido de atender aos interesses do segurado, preserva a lei a vigência por um prazo mínimo de um ano. Reza o parágrafo único do art. 13, na dicção da Med. Prov. nº 1.801:

"Os planos e seguros contratados individualmente terão vigência mínima de um ano, sendo vedadas:

I - a recontagem de carência;

II - a suspensão do contrato e a denúncia unilateral, salvo por fraude ou não-pagamento da mensalidade por período superior a sessenta dias, consecutivos ou não, nos últimos doze meses de vigência do contrato, desde que o consumidor seja comprovadamente notificado até o qüinquagésimo dia de inadimplência;

III - a suspensão e a denúncia unilateral, em qualquer hipótese, durante a ocorrência de internação do titular".

Ressalta-se que a carência estabelecida para o início do gozo dos benefícios justifica-se apenas quando da assinatura do contrato. Verificado o inadimplemento, e adimplidas as prestações em atraso, com o que se mantém o contrato, não cabe impor novo período de carência.

A suspensão e a denúncia unilateral são permitidas mais quando da falta de pagamento dos prêmios ou das prestações, ou do descumprimento de outras obrigações relevantes. Sobre esta parte, reforça o inc. III do art. 35-H, introduzido pela Medida Provisória nº 1.801: "É vedada a suspensão ou denúncia unilateral de contrato individual ou familiar de plano ou seguro de assistência à saúde por parte da operadora, salvo o disposto no inc. II do parágrafo único do artigo 13 desta Lei".

Outrossim, parece estranha a restrição do prazo mínimo unicamente aos contratos individuais. Não se apresentam razões que impeçam a extensão aos contratos coletivos, ou que envolvam mais pessoas como seguradas.

Planos de Assistência e Seguros de Saúde **63**

17 - Proibição em recusar segurados

Proíbe a lei qualquer cláusula no contrato que impeça a admissão ou aceitação de segurados ou associados em função da idade ou de deficiências de que sejam portadores. Basta observar a redação do art. 14: "Em razão da idade do consumidor, ou da condição de pessoa portadora de deficiência, ninguém pode ser impedido de participar de planos ou seguros privados de assistência à saúde".

A regra acima é uma decorrência do princípio da igualdade de todos perante a lei. Repugna a restrição de direitos em função de limitações como a idade ou deficiências físicas.

Foi necessário o dispositivo para afastar as cláusulas, incluídas nos contratos, que impedem o direito, as quais nem sempre aparecem em palavras diretas. Às vezes torna inviável a participação pelas exigências que lhe impõem por causa de tais fatores, como elevação do valor dos prêmios ou prestações.

Considerando, porém, que a idade constitui uma realidade da qual ninguém pode fugir, e que traz maior quantidade de situações de risco, não é proibida a fixação das prestações em função da mesma. É que as despesas são maiores com o avanço da idade, pois as contingências do ser humano se elevam.

Já quanto às deficiências físicas, não abrangem as doenças externas ou internas, mas as limitações em geral, isto é, físicas e psíquicas do corpo humano, dos sentidos e da mente.

18 - Proibição em interromper internamentos

Em tempos não remotos, era comum aparecerem nos contratos cláusulas concedendo a cobertura de um período determinado de internamento. A pessoa, mesmo que estivesse às portas da morte, ficava relegada ao abandono, ou era afastada do hospital.

No sentido de arredar tamanha insensibilidade, aparece a seguinte regra no art. 35-H, inc. IV, da recente Lei nº 9.656, vinda com a Medida Provisória nº 1.801: "É vedada a interrupção de internação hospitalar em leito clínico, cirúrgico ou em centro de terapia intensiva ou similar, salvo a critério do médico assistente".

A disposição se aplica mesmo que vencido o prazo do contrato no curso do internamento. Uma vez acontecendo o vencimento nessa circunstância, a cobertura abrange o lapso restante de internação, eis que o evento previsto na cobertura iniciara quando vigorava o contrato.

São lançadas críticas contra o art. 35-H, por violar os princípios do direito adquirido e do ato jurídico perfeito, institutos esses abrigados pela Constituição Federal e pelo Código Civil.

É que encerra o dispositivo, no seu *caput*: "A partir de 05.06.1998, fica estabelecido para os contratos celebrados anteriormente à data desta Lei que...". Nos incisos, aparecem várias obrigações e proibições impostas às empresas de planos e seguros, como aquela do inc. IV acima. O advérbio *anteriormente* conduz a impor o cumprimento de efeitos mais gravosos do que os previstos quando da assinatura do contrato. Isto traria prejuízos às operadoras. Mesmo que real esta visão, as várias disposições que acompanham o art. 35-H encontram apoio no Código de Defesa do Consumidor, como no art. 51, incs. IV e XIII, e seu § 1º, incs. I, II e III. Acontece que a cláusula permitindo a interrupção do internamento, e outras modificações proibidas no art. 35-H, sem dúvida encerram conteúdos iníquos e abusivos, restringindo o direito à saúde.

Visando a preservar as disposições do art. 35-H, com efeito pretérito à sua vigência, ressalta expressamente seu § 2º: "O disposto no art. 35 desta Lei aplica-se sem prejuízo do estabelecido neste artigo". Ou seja, as várias regras do art. 35-H prevalecem frente às disposições do art. 35, não importando que de seu *caput* conste a incidência aos contratos celebrados a partir de sua vigência.

19 - A mudança das contraprestações pecuniárias em função da idade, da sinistralidade ou variação de custos

19.1 - Alteração das contraprestações em razão da idade

Não está proibida a variação das prestações que paga o consumidor, diante da circunstância de atingir uma idade mais avançada no curso do contrato, eis que se admite a incidência de aumento de percentual em função das faixas etárias. Adianta-se que foram definidas sete faixas etárias, em respeito à realidade do custo financeiro da saúde. A diferenciação de preço decorre da diferenciação do custo.

É o que encerra o art. 15, conforme letra da Medida Provisória nº 1.801: "A variação das contraprestações pecuniárias estabelecidas nos contratos de planos e seguros de que trata esta Lei, em razão da idade do consumidor, somente poderá ocorrer caso estejam previstas no contrato inicial as faixas etárias e os percentuais de reajustes incidentes em cada uma delas, conforme normas expedidas pelo CNSP, a partir de critérios e parâmetros gerais fixados pelo CONSU".

Aparece com o mesmo sentido o art. 1º da Res. nº 6, de 03.11.1998, na versão da Res. nº 15, de 23.03.1999: "Para efeito do disposto no artigo 15 da Lei nº 9.656/98, as variações das contraprestações pecuniárias em razão da idade do usuário e de seus dependentes, obriga-

66 *Planos de Assistência e Seguros de Saúde*

toriamente, deverão ser estabelecidas nos contratos de planos ou seguros privados de assistência à saúde, observando-se as sete faixas etárias discriminadas abaixo".

A regra não se revela coerente com o sistema previdenciário, pois vão aumentando os encargos na medida em que mais se fazem sentir as necessidades e provocam, assim, o crescimento das despesas. A Promotora de Justiça Heloísa Carpena Vieira de Mello analisa tal aspecto: "A cláusula que permite a majoração do prêmio, por mudança de faixa etária, sem contemplação do tempo decorrido desde a celebração do contrato, atenta contra a dignidade da pessoa humana, conduzindo à nulidade da disposição. No momento em que o segurado se encontra mais vulnerável e necessitado de assistência, os vultosos acréscimos das mensalidades impedem na prática a manutenção do contrato, desatendendo à legítima expectativa do contratante" (*Seguro-saúde e Abuso de Direito*, em Revista de Direito do Consumidor, nº 26, Editora Revista dos Tribunais, São Paulo, abril/junho de 1998, p. 104).

O mais correto seria fixar, desde o início, certo patamar da prestação em que se encontra aquele que se inscreveu no plano. Não passa o dispositivo sem arranhar o art. 51, inc. X, do Código de Defesa do Consumidor, que considera nulas as cláusulas que "permitam ao fornecedor, direta ou indiretamente, variação do preço de maneira unilateral". Ao incluir uma cláusula com referido teor num contrato padrão e essencialmente adesivo, retira a liberdade do que se inscreve, eis que está obrigado a aceitar a condição sob pena de inviabilizar-se o contrato.

No mínimo requer-se que a cláusula com tal conteúdo venha redigida claramente e se apresente com letra em destaque, como ordena o art. 54, §§ 3º e 4º, do Código de Defesa do Consumidor.

A Res. nº 6, de 03.11.1998, discrimina as faixas etárias, em número de 7, sempre em vista da idade e do número de dependentes. Importante observá-las:

I - 0 a 17 anos de idade;
II - 18 a 29 anos de idade;
III - 30 a 39 anos de idade;
IV - 40 a 49 anos de idade;
V - 50 a 59 anos de idade;
VI - 60 a 69 anos de idade;
VII - 70 anos de idade ou mais.

O art. 2º da mesma Resolução nº 6, mas na redação da Res. nº 15, limita o valor para a primeira faixa de modo a não ficar acima de seis vezes o valor da última faixa etária. Consoante o parágrafo único do mesmo art. 2º, permite-se às operadoras o oferecimento de planos com preços iguais, embora em faixas etárias diferentes.

Uma importante regra aparece no parágrafo único do art. 15 da Lei nº 9.656, a qual consiste na proibição de variar os preços ou contraprestações para os consumidores de mais de 60 anos de idade, se já participarem do mesmo Plano ou Seguro, ou sucessor, a mais de 10 anos.

Para os consumidores com idade superior a 60 anos, e que se encontrem a menos de 10 anos participando do plano, determina o art. 35-H, inc. I, em acréscimo trazido pela Medida Provisória nº 1.801, que o aumento das contraprestações depende de prévia autorização da SUSEP. De modo que não será automático o aumento.

19.2 - *Alteração das contraprestações em razão do aumento da sinistralidade ou dos custos*

Coloca-se, não raramente, o reajuste das prestações em função do aumento da sinistralidade ou dos custos. A prática estaria amparada no § 1º do art. 35-H, vindo com a Medida Provisória nº 1.801, assim redigido: "Nos contratos individuais de planos ou seguros de saúde, independentemente da data de sua celebração, e pelo prazo estabelecido no § 1º do art. 35, a aplicação de cláusula de reajuste das contraprestações pecuniárias, vinculadas à sinistralidade ou à variação de custos, dependerá de prévia aprovação da SUSEP".

É necessário salientar que o prazo previsto no § 1º do art. 35 vem fixado em 15 meses, iniciando a partir da vigência da Lei nº 9.656, isto é, de 02.09.1998, e encerrando em 02.12.1999.

Nesse período, para o reajuste das contraprestações exige-se a aprovação da SUSEP.

O aumento das prestações constituía prática comum antes da vigente Lei, em cláusulas de redação confusa, mais ou menos assim:

- A taxa de manutenção contratual poderá, também, observado o intervalo mínimo de seis meses, ser atualizada sempre que ocorrer qualquer das seguintes situações:

a) a elevação dos preços que interferem nos custos dos serviços profissionais, hospitalares e complementares, e demais dispêndios necessários à cobertura contratada, projetar-se acima da correção efetuada no período pelo índice eleito;

b) em função da introdução de novos métodos de diagnóstico e terapêutica, na prática médico-cirúrgica corrente;

c) havendo alteração da estatística de sinistralização.

- Periodicamente será revisto o valor da mensalidade com fundamento em estatísticas de utilização dos serviços no semestre, especialmente quanto à sinistralidade e aos valores de indenização, e onde também serão avaliados os aumentos dos custos médicos e hospitalares.

Parece que o art. 35-H leva a manter a prática de arbitrariedades, como a acima, em total confronto com o art. 51, inc. X, do Código de Defesa do Consumidor, que proíbe avaliação do preço de maneira unilateral; com o inc. XIII do mesmo art. 51, porque autoriza ao fornece-

Planos de Assistência e Seguros de Saúde **69**

dor alterar unilateralmente as suas obrigações; e com o art. 52, inc. III, eis que oculta os acréscimos legais ou reajustes. Não se pode olvidar a nulidade de cláusulas que alterem o que vinha anunciado nos prospectos ou até no contrato.

20 - *Obrigações dos prestadores de serviços profissionais de saúde*

Também aos que prestam serviços médicos, hospitalares, ambulatoriais e outros ligados à saúde, existem disposições da Lei nº 9.656.

O art. 18 discrimina vários deveres, como a proibição em discriminar ou dar tratamento distinto aos clientes de uma operadora frente a outra, ou de um plano em relação a outro, porque este mais completo e melhor remunerado.

A prestação de serviços previstos no plano ou contrato, e assim consultas, exames, e demais serviços solicitados, deve ser realizada de acordo com a necessidade dos consumidores, sem protelações, demoras ou sem transferências dos atendimentos para épocas posteriores, a exemplo do que acontece aos segurados da Previdência oficial, especialmente dos Estados, tornando praticamente imprestável o plano. Inaceitável o não atendimento imediato, ou no momento da necessidade, pois equivale a uma recusa em prestar os serviços contratados.

Mais uma proibição consta: a prestação de serviços ligados à saúde, por ordem da operadora, unicamente aos seus filiados. O hospital ou prestador de serviços deve estar aberto a quaisquer operadoras. Em síntese, está vedada a exclusividade ou restrição da atividade profissional a uma ou algumas empresas de assistência ou seguro.

Determina o art. 18, parágrafo único, da Lei 9.656, aos prestadores de serviços profissionais, a partir de 03.12.1999, que atendam unicamente os contratos com empresas que se encontram com o registro para funcionamento, ou legalmente estabelecidas.

Outra regra importante consta no art. 33 da Lei nº 9.656: havendo indisponibilidade de leito hospitalar para o nível estabelecido no contrato, está obrigado o hospital a oferecer acomodação em outro nível, mesmo que superior, sem qualquer aumento de preço.

21 - Regularização das empresas que já prestam serviços como operadoras de planos e seguros

As empresas que já prestavam atividades ligadas à assistência e aos seguros, quando da entrada em vigor da nova regulamentação, poderão continuar na prestação dos serviços. No entanto, deverão adaptar-se ao novo sistema, concedendo, para tanto, o art. 19 da Lei nº 9.656, na redação da Medida Provisória nº 1.801, o prazo de cento e oitenta dias, a partir da regulamentação do CNSP, para requerer a autorização definitiva.

Esta regulamentação não veio até o momento. E enquanto não vier, estão obrigadas as empresas a providenciar na obtenção do chamado registro provisório, a ser solicitado perante a SUSEP, e do registro também provisório dos produtos que comercializam, perante a Secretaria de Assistência à Saúde do Ministério da Saúde. Somente com tais registros permite-se o exercício das atividades que lhes são inerentes.

Há requisitos para a consecução do registro junto à SUSEP e ao Ministério da Saúde, discriminados nos §§ 1º e 2º do art. 19, em redação da Medida Provisória nº 1.801.

Planos de Assistência e Seguros de Saúde **71**

Para o primeiro registro, eis os documentos exigidos:
- o registro do documento de constituição da empresa;
- o nome fantasia;
- o CGC;
- o endereço;
- o telefone;
- o fax;
- o e-mail;
- o nome dos dirigentes e dos cargos que ocupam.

No tocante ao segundo registro (dos produtos a serem comercializados), para cada plano ou seguro, são os seguintes os documentos exigidos:
- razão social da operadora ou administradora e seu CGC;
- nome do produto (plano ou seguro saúde);
- segmentos da assistência (ambulatorial, hospitalar com obstetrícia, hospitalar sem obstetrícia, odontologia e referência);
- tipo de contratação (individual/familiar; coletivo empresarial e coletivo por adesão);
- âmbito geográfico de cobertura;
- faixas etárias e respectivos preços;
- rede hospitalar por Município (para segmentações hospitalares e referência).

Os órgãos encarregados de conceder os registros devem ditar os procedimentos ou trâmites dos pedidos.

Cumpre às operadoras, mesmo que não conseguidos os registros, prestar os serviços contratados. Do contrário, se prestaria a situação irregular à obtenção de vantagens ilegais. A falta de cumprimento nas providências em conseguir os registros importa na cominação de multa diária no valor de R$ 10.000,00, aplicada pela SUSEP.

A obrigatoriedade dos registros provisórios abrange as empresas que já se encontram em funcionamento quando da publicação da Lei e as que começaram a operar posteriormente. Vindo a regulamentação do re-

72 *Planos de Assistência e Seguros de Saúde*

gistro definitivo, tais registros provisórios perderão a validade após vencido o prazo de cento e oitenta dias.

22 - *Fiscalização das operadoras*

Sujeitam-se as empresas que atuam no setor da assistência à saúde e nos seguros ao regime de fiscalização perante o Ministério da Saúde e a SUSEP.

A regulamentação é rígida a respeito.

Uma série de obrigações administrativas incumbe às empresas. Depois de devidamente legalizadas, e encontrando-se já atuando, cabe-lhes fornecer, periodicamente, ao Ministério da Saúde e à SUSEP, informações estatísticas e cadastrais sobre seus consumidores, sua identificação, endereço e registro no Ministério da Fazenda, com dados e cópias dos contratos celebrados, o que, na ordem do art. 20 da Lei nº 9.656, servirá para as finalidades do art. 32, isto é, para fins de providenciar e conseguir a cobrança pelo serviço de saúde realizado pelo SUS, mas que eram da competência da empresa operadora. A finalidade dirige-se, também, para facilitar a fiscalização.

Com o objetivo de acompanhar as atividades desempenhadas pelas seguradoras, tanto os servidores da SUSEP, como os do Ministério da Saúde, têm livre acesso às suas sedes, para a requisição e o exame da documentação fiscal, dos processos, dos contratos, das faturas, das notas técnicas, dos manuais de rotina, regulamentos e demais elementos que se encontrem junto às mesmas.

A Res. nº 3, de 03.11.1998, trata longamente do processamento da fiscalização, da aplicação das penalidades e dos respectivos procedimentos.

Quanto às penalidades, eis a relação:
- advertência;
- multa pecuniária;

Planos de Assistência e Seguros de Saúde **73**

- suspensão do exercício do cargo;
- inabilitação temporária para o exercício de suas operações;
- inabilitação permanente dos integrantes para a ocupação de cargo de direção ou em Conselhos das operadoras;
- cancelamento da autorização para o funcionamento.

A Res. nº 18, de 23.03.1999, descreve o processo a ser obedecido para a aplicação das penalidades.

A Res. nº 7, de 03.11.1998, cuida dos dados que devem ser prestados ao Ministério da Saúde, nesta ordem:
- modelos de assistência;
- capacidade de atendimento da rede assistencial;
- forma de utilização de recursos de saúde;
- instrumentos diretos e indiretos de regulação do uso;
- condições contratuais relativas aos usuários e aos prestadores de serviços;
- perfil epidemiológico da população atendida;
- demais informações que venham a ser definidas como necessárias pelo Ministério da Saúde.

As empresas que se encontravam funcionando quando do advento da Lei nº 9.656 estão obrigadas a prestar as informações tão logo quando solicitadas, o que se fará através do encaminhamento de formulário próprio ou planilha.

23 - Obrigações das empresas de assistência e de seguro

No campo das obrigações, resta evidente que a principal delas está no cumprimento dos contratos celebrados, fornecendo ou prestando todos os serviços contratados de maneira completa e idônea.

Em face da discriminação das coberturas em cada plano, é difícil aventar alguma escusa em cumprir o contrato. Todavia, persistirá sempre o problema no pertinente à qualidade e eficiência dos serviços. Não se descarta a eventualidade de responsabilização das companhias que mantêm os planos pelos erros médicos e desídias dos hospitais, já que lhe compete, também, oferecer serviços idôneos e de qualificação técnica.

Outra obrigação consiste em aceitar todos os interessados que procurarem os serviços, não fazendo distinção entre as pessoas, desde que aceitas as condições estabelecidas e legalmente previstas, sem distinções quanto ao sexo, raça, idade ou qualidade de associados ou segurados. Não permite, todavia, o art. 21 da Lei n° 9.656 a realização de operações financeiras com as seguintes categorias de pessoas ligadas às operadoras:

- seus próprios diretores e membros de seus conselhos administrativos, consultivos, fiscais e outros;

- com os respectivos cônjuges e parentes até o segundo grau, inclusive;

- com empresa de que participem as pessoas físicas acima (diretores etc., respectivos cônjuges e parentes referidos) de outra empresa controladora. Tal pode ocorrer em empresas coligadas.

Considera-se uma empresa coligada a outra quando participa com 10% ou mais do capital da outra, sem controlá-la. Define-se como controlada a sociedade na qual a controladora, diretamente ou através de outras controladas, é titular de direito de sócio que lhe assegure, de modo permanente, preponderância nas deliberações sociais e o poder de eleger a maioria dos administradores (art. 243, §§ 1º e 2º da Lei das Sociedades Anônimas - Lei n° 6.404, de 15.12.1976). Por outras palavras, a controladora sempre tem a maioria do capital social.

Aponta a lei obrigações frente aos órgãos fiscalizadores.

Assim o art. 22, que trata da obrigatoriedade das empresas operadoras em submeter suas contas à conferência e aprovação por auditores independentes, registrados no respectivo Conselho Regional de Contabilidade e na Comissão de Valores Mobiliários - CVM.

Anualmente devem as operadoras publicar o parecer, juntamente com o balanço e as demonstrações financeiras, na forma do art. 176 da Lei nº 6.404, de 15.12.1976. Considerando que mencionada lei trata unicamente das sociedades anônimas, e que somente para elas exige-se a publicação do balanço e das demonstrações financeiras, para as sociedades constituídas na forma de sociedade por quotas de responsabilidade limitada é suficiente a publicação do parecer da auditoria. Outrossim, a publicação efetua-se no Diário Oficial dos Estados e em jornal de grande circulação do local da sede da empresa.

No campo das obrigações, está a regulação nos planos e seguros de saúde. A matéria aparece disciplinada na Res. nº 8, de 3.11.1998, com a redação da Res. nº 15, que trata das práticas utilizadas nos serviços de saúde. Exemplificando, é vedada a utilização de qualquer atividade ou prática que infrinja o Código de Ética Médica ou o de Odontologia, e assim de atividade ou serviço que caracterize conflito com as disposições legais em vigor (art. 1º).

Institui-se como obrigação, dentre várias outras condutas, a informação clara e prévia ao consumidor, no material publicitário do plano ou do seguro, no instrumento de contrato e em outros documentos pertinentes, sobre os mecanismos de regulação adotados, especialmente os relativos a fatores moderadores ou de co-participação e de todas as condições para sua utilização. Jamais é condicionada a assistência ao nível de remuneração que percebe o associado ou segurado. Vedada a vulneração a tais princípios, que se encontram, em parte, nos incisos I a III do art. 2º da mesma Resolução nº 8.

Não permite o inc. IV implantar mecanismos de regulação diferenciados, em função da idade, ou do

76 *Planos de Assistência e Seguros de Saúde*

grau de parentesco e outras estratificações dentro do mesmo plano.

Inadmissível, pelo inc. V, impor que, antes do atendimento de situações caracterizadas como de urgência ou emergência, consiga o segurado ou seus dependentes autorização prévia da operadora.

Proíbe o inc. VI a negativa de autorização de procedimento em razão de o profissional solicitante não pertencer à rede própria, credenciada, cooperada ou referenciada da operadora. Condenável a prática de somente autorizar os serviços caso solicitados por médico ou profissional ligado à operadora.

Impede o inc. VII a inclusão de cláusulas, como de co-participação ou franquia que conduzem, ao final, a praticamente caracterizar-se um financiamento, e não a uma contraprestação.

Outra importante obrigação, que aparece no inciso IX do art. 2º da Res. nº 8, com as modificações da Res. nº 15, consiste em "reembolsar ao consumidor as despesas médicas provenientes do sistema de livre escolha, com valor inferior ao praticado diretamente na rede credenciada ou referenciada".

A hospitalização, como conseguir leitos e profissionais competentes, é da incumbência das operadoras. Pertinente, na espécie, a regra do art. 33: "Havendo indisponibilidade de leito hospitalar nos estabelecimentos próprios ou credenciados pelo plano, é garantido ao consumidor o acesso à acomodação, em nível superior, sem ônus adicional".

24 - Liquidação das empresas de assistência e de seguro

Não se sujeitam, consoante o art. 23, as empresas operadoras à concordata e à falência, e sim à liquidação extrajudicial, de acordo com o regime do Decreto-lei nº 73, de 1966, especialmente o art. 96, letra *d*, e o Decreto nº 60.459, de 1967, art. 75.

Necessário frisar que a cessação das operações pode dar-se pela insolvência e por vários outros eventos, como por cassação do registro e da autorização diante da prática de atos ilegais; por desobediência às normas atinentes às funções próprias; por não formação de fundos de reserva; por contrair ou permitir a formação de obrigações vultosas junto ao IRB e outros credores.

Com a cassação, desencadeia-se a liquidação extrajudicial. À SUSEP cabe encaminhar, proceder e dirigir a liquidação, com nomeação de liquidante.

O art. 24 e seus vários parágrafos disciplinam a intervenção da SUSEP nas hipóteses de insuficiência de garantias (reservas e fundos necessários à garantia dos consumidores), e de anormalidades econômico-financeiras ou administrativas graves. A exigência de as empresas prestarem garantias consta inserida no art. 3º, inc. VII, consistindo as mesmas em bens - móveis ou imóveis -, em fundos especiais, e em seguros garantidores.

As anormalidades revelam-se especialmente na má administração, no desvio de patrimônio, na apropriação indevida de receitas pelos gerentes ou diretores, na falta de pagamento das contas e dos seguros, dentre dezenas de outras irregularidades.

Opera-se a intervenção especialmente através da nomeação de um diretor fiscal, com as atribuições fixadas pelo CNSP, que consistirão sobretudo na assunção da administração geral, na supervisão dos atos de direção ou dos vários subdiretores e outros dirigentes, no afastamento de pessoas que se encontram na administração, medida esta sempre necessária quando instaurado processo-crime contra os administradores. A simples desobediência às ordens que expedir igualmente importa no afastamento imediato das pessoas recalcitrantes.

Garante-se o direito ao contraditório e ao recurso ao CNPS, mas sem o efeito suspensivo.

Está na função, também, do diretor fiscal a análise da organização administrativa e da situação econômico-financeira da operadora, propondo à SUSEP as medidas cabíveis, inclusive a liquidação extrajudicial.

Não surtindo efeito as medidas especiais desenvolvidas para a recuperação da empresa, a SUSEP promoverá, no prazo máximo de noventa dias, a alienação, por leilão, da carteira das operadoras de planos e seguros privados de assistência à saúde.

25 - Infrações, penalidades e responsabilidade

A matéria é extensa e um tanto complexa, impondo a sua subdivisão.

25.1 - As penalidades

Na infração dos dispositivos da lei, tanto para as empresas operadoras como para os administradores, membros dos conselhos administrativos, deliberativos, consultivos, fiscais e assemelhados, aplicam-se as seguintes penalidades, enumeradas nos incisos do art. 25 da Lei nº 9.656, com os acréscimos da Medida Provisória nº 1.801, sem prejuízo de outras estabelecidas na legislação especial:

I - advertência;

II - multa pecuniária;

III - suspensão do exercício do cargo;

IV - inabilitação temporária para exercício de cargos em operadoras de planos ou seguros de assistência à saúde;

V - inabilitação permanente para exercício de cargos de direção ou em conselhos das operadoras a que se

Planos de Assistência e Seguros de Saúde **79**

refere esta Lei, bem como em entidades de previdência privada, sociedades seguradoras, corretoras de seguros e instituições financeiras;

VI - cancelamento, providenciado pela SUSEP, da autorização de funcionamento e alienação da carteira da operadora mediante leilão.

25.2 - O procedimento na aplicação das penalidades

A lei não regulamenta pormenorizadamente a matéria. Unicamente na Resolução n° 3, de 3.11.1998, e na Resolução n° 18, de 23.03.1999, encontram-se normas que explicitam a aplicação das várias penalidades. Assim quanto ao procedimento, preceituando o art. 3º da primeira regra sobre o processo para a aplicação das penalidades, com a lavratura do auto de infração, a notificação para a defesa, a instauração do processo propriamente dito, o proferimento da decisão, ou comunicando o caso à SUSEP, remetendo-lhe as peças, se de sua competência a espécie, ou solicitando a sua participação antes de proferir o julgamento.

Eis o teor do dispositivo: "Uma vez constatada infração às disposições legais e demais normas regulamentares pertinentes, a autoridade competente no Ministério da Saúde deverá:

I - lavrar o auto de infração indicando o dispositivo legal ou regulamentar transgredido, assinando o prazo de dez dias para apresentação da defesa ou impugnação;

II - instaurar o competente processo administrativo;

III - proferir o julgamento aplicando a penalidade cabível de acordo com a natureza e gravidade da infração cometida, as circunstâncias atenuantes e agravantes e os antecedentes do infrator;

IV - comunicar à Superintendência de Seguros Privados - SUSEP, os casos que dependerão de sua participação, de acordo com a Lei n° 9.656/98".

Salienta-se que há uma fase de verificação da viabilidade de se instaurar o processo. Apresentada a queixa,

80 *Planos de Assistência e Seguros de Saúde*

ou reclamação, ou qualquer petição de providências, o órgão local do Ministério da Saúde poderá caracterizar como denúncia tal comunicação, isto é, considerá-la como suficiente para dar início ao processo. Promoverá ou levará a termo uma investigação preliminar, para verificar a constatação real da irregularidade, e ordenar ou não o prosseguimento da denúncia. O caminho, para o início da formalização do processo, vem delineado nos arts. 3º, 4º e 5º da Resolução nº 18, de 23.03.1999.

Transcrevem-se os dispositivos:

Art. 3º: "A reclamação, a solicitação de providências, consulta ou petições assemelhadas que contiverem alegações ou indicações de violação da lei ou norma por parte de agente do mercado, poderão ser caracterizadas como denúncia após avaliação inicial do Ministério da Saúde".

Art. 4º: " Aceita a denúncia, a abertura e instrução dos processos administrativos serão realizadas no âmbito dos Núcleos de Saúde Suplementar nos Estados e do Departamento de Saúde Suplementar - DESAS / SAS, cabendo, para tanto, requisição às operadoras de planos ou seguros de saúde de informações sobre o fato ou ato a ser apurado" .

Art. 5º: "As denúncias serão investigadas preliminarmente na instância local, devendo ser arquivadas nesta mesma instância, na hipótese desta investigação não resultar em constatação de irregularidade, ou, sendo constatada, se houver reparação imediata e espontânea de todos os prejuízos ou danos eventualmente causados, sem restar indício da ocorrência de qualquer outro fato irregular a ser apurado" .

Seguindo o processo, com a lavratura do auto de infração, se for o caso, é realizada a notificação, para a apresentação da defesa, no prazo de quinze dias, a menos que as infrações sejam graves e gravíssimas, quando reduz-se para cinco dias. Procede-se a instrução, proferindo-se, depois, o julgamento pelo Diretor do

Planos de Assistência e Seguros de Saúde **81**

DESAS / SAS, cabendo recurso ao CONSU, que somente será recebido no efeito suspensivo quando a pena aplicada foi de multa. Impostas outras penalidades, incidem de imediato.

Além do auto de infração, podem ensejar o início do procedimento a denúncia ou reclamação encaminhada a agentes do Ministério da Saúde e as solicitações vindas das autoridades competentes. Sobre a matéria, há a previsão do art. 29, na versão da Med. Prov. nº 1.801: "As infrações serão apuradas mediante processo administrativo que tenha por base o auto de infração, a representação ou a denúncia positiva dos fatos irregulares, cabendo ao CNSP e ao CONSU, observadas suas respectivas atribuições, dispor sobre normas para instauração, recursos e seus efeitos, instâncias, prazos, perempção e outros atos processuais, assegurando-se à parte contrária amplo direito de defesa e o contraditório".

Os processos administrativos correm nos órgãos executivos locais do Ministério da Saúde. Os recursos serão encaminhados ao CONSU, como referido. Sendo as decisões da SUSEP, o art. 28 da Lei nº 9.656 atribui a competência recursal ao CNSP.

25.3 - Critérios para a aplicação das penalidades

Não se discriminam objetivamente as hipóteses de aplicação de cada espécie de penalidade.

Vêm, no entanto, expostos subsídios e delineados critérios para a opção da penalidade.

A primeira regra a observar é o enquadramento da infração como leve, grave ou gravíssima. No art. 9º da Res. nº 3 estão os elementos que caracterizam cada tipo:

- infrações leves: aquelas em que forem verificadas somente circunstâncias atenuantes;
- infrações graves: aquelas em que forem verificadas até duas circunstâncias agravantes;

- infrações gravíssimas: a reincidência específica e aquelas em que forem verificadas mais de duas circunstâncias agravantes.

De acordo com a graduação acima incide a graduação da penalidade. No entanto, há outros fatores a observar. Assim, indica o art. 5º os fatores que a autoridade considerará na aplicação das penalidades:

I - A gravidade do fato, tendo em vista o risco e as suas conseqüências para a saúde do usuário;

II - os antecedentes da operadora quanto à prestação de serviços de saúde suplementar;

III - as circunstâncias atenuantes e agravantes.

Indispensável caracterizar as circunstâncias atenuantes e agravantes.

De acordo com art. 6º da referida Res. nº 3, estas são as circunstâncias atenuantes:

I - a infração ter sido cometida diretamente pelo prestador de serviços contratado ou referenciado, sem concorrência de qualquer empregado ou representante da operadora;

II - não haver registros de punição anterior para a operadora e a falta cometida ser de natureza leve;

III - ter o infrator adotado espontaneamente as providências pertinentes para reparar a tempo os efeitos da infração.

Já as agravantes, na ordem do art. 7º da mesma Resolução:

I - a reincidência;

II - a infração ter gerado vantagens financeiras diretas ou indiretas para a operadora ou seus prestadores;

III - ter a prática infrativa importado em risco ou em conseqüências danosas à saúde do usuário;

IV - deixar o infrator, tendo conhecimento do ato lesivo, de tomar as providências para evitar ou atenuar suas conseqüências;

V - ser a infração cometida mediante fraude ou má-fé.

Planos de Assistência e Seguros de Saúde

O parágrafo único do art. 7º dá a tipicidade da infração com reincidência específica: "A reincidência específica torna o infrator passível de enquadramento na penalidade máxima".

No tocante à multa, os valores são determinados de acordo com a classificação da infração em leve, grave e gravíssima (§ 3º do art. 4º da Res. nº 3):

I - nas infrações leves - de R$ 5.000,00 a R$ 10.000,00;

II - nas infrações graves - de R$ 10.000,00 a R$ 25.000,00;

III - nas infrações gravíssimas - de R$ 25.000,00 a R$ 50.000,00.

No art. 10 aparecem enumerados exemplos de infrações, tais como:

- deixar de garantir a cobertura prevista nos planos ou seguros privados de assistência à saúde;

- interromper a internação hospitalar do usuário do plano ou seguro privado de saúde, sem autorização do médico assistente;

- exigir do usuário prestação excessiva, além dos limites estabelecidos na lei e no contrato do plano ou seguro;

- deixar de fornecer ao Ministério da Saúde as informações de natureza cadastral e dados estatísticos, conforme o estabelecido no art. 20 da Lei nº 9.656;

- não atender, no prazo fixado, sem causa justificada, a diligência proposta pelo agente de fiscalização do Ministério da Saúde, dentre várias outras hipóteses.

No entanto, qualquer falta de atendimento ao que ordena a lei importa em sanção. A maior parte das infrações, como sempre aconteceu, situa-se na falta de cumprimento do contrato, na negativa em dar coberturas, na exigência de prestações indevidas, nos aumentos ilegais, no péssimo atendimento dos médicos e hospitais, nas multas e juros exorbitantes nos casos de mora, na recusa em aceitar interessados e em renovar os contratos.

84 *Planos de Assistência e Seguros de Saúde*

25.4 - Extensão das penalidades e responsabilidades aos administradores

Todos os membros das operadoras, além destas, suportarão as penalidades, como vem exposto no § 1º do art. 4º, da Res. nº 3: "As penalidades serão aplicadas às operadoras, seus administradores, membros de conselhos administrativos e deliberativos, consultivos, fiscais e assemelhados".

Da mesma forma, quanto à responsabilidade civil pelos prejuízos, de acordo com a previsão do art. 26 da Lei nº 9.656: "Os administradores e membros dos conselhos administrativos, deliberativos, consultivos, fiscais e assemelhados das operadoras de que trata esta Lei respondem solidariamente pelos prejuízos causados a terceiros, inclusive aos acionistas, cotistas, cooperados e consumidores, conforme o caso, em conseqüência do descumprimento de leis, normas e instruções referentes às operações previstas na legislação e, em especial, pela falta de constituição e cobertura das garantias obrigatórias referidas no inc. VII do art. 3º".

Finalmente, observa-se que, quando for o caso, e desde que previstas e permitidas pela lei, as multas fixadas pelo CONSU serão aplicadas pela SUSEP até o limite de cinqüenta mil reais (art. 35-F da Lei nº 9.656), enquanto as demais também poderão ficar a cargo do mesmo órgão, devendo previamente ser estabelecidas pelo CNSP (arts. 5º, inc. III, e 27 da Lei nº 9.656).

26 - Direitos do empregado nos planos de saúde e de seguro

Necessário esclarecer que o contrato de seguro em favor do empregado não constitui um direito trabalhista, como bem expõe Amauri Mascaro Nascimento, ao abordar o assunto: "A assistência à saúde dos emprega-

Planos de Assistência e Seguros de Saúde **85**

dos, através de planos elaborados pela empresa, não tem natureza salarial, não se refletindo sobre a remuneração dos empregados. Assistência à saúde do trabalhador, prestada pela empresa, não tem caráter retributivo. É um benefício de natureza assistencial e não uma utilidade salarial".

No entanto, uma vez feito o contrato, enquanto se encontra no prazo de duração, a permanência no plano constitui um direito do trabalhador. Trata-se de uma obrigação contratual, continua o doutrinador acima citado, "regida pelas mesmas normas incidentes sobre os contratos em geral, com o que está sujeita aos princípios do *pacta sunt servanda* - a força de lei atribuída às estipulações contratuais, - e à teoria da imprevisibilidade dos contratos - a cláusula *rebus sic stantibus* -, desfazendo-se através do distrato ou da impossibilidade econômico-técnica-financeira do seu cumprimento em decorrência das modificações que ocorreram e que situam a relação jurídica num quadro tal que, se existente à época da constituição do acordo, este teria sido feito em outras bases ou não teria sido feito pela empresa, de cuja iniciativa partiu" (*Planos de saúde da empresa e a Lei nº 9.656/98, in* LTr - Suplemento Trabalhista, nº 149/98, 1998, São Paulo, pp. 693 e 694).

Não é admitido o ingresso do sindicato com dissídio coletivo para pleitear plano de saúde. Permite-se, e na Justiça comum, a atuação como substituto processual, com suporte no art. 8º, inc. III, da Carta Magna Federal, para a defesa de plano já existente, e, assim, para o seu cumprimento.

O plano adequado para os empregados ou funcionários é o coletivo empresarial ou o de autogestão, dando-se o ingresso por adesão. De acordo com a Res. nº 19, de 23.03.1999, uma vez extinto ou cancelado o plano coletivo ou de autogestão por adesão, as empresas deverão disponbilizar o ingresso ao plano ou seguro de assistência à saúde na modalidade individual ou familiar ao universo de beneficiários, e nele considerados os empregados e ex-empregados, sem a imposição de novo prazo de carência (art. 1º). No máximo, considera-se, na contagem de prazos de carência para essas modalidades de planos, o período de permanência do beneficiário no plano coletivo cancelado (§ 1º do art. 1º). Incluem no universo de usuários de favorecidos pela disposições acima, todos os membros do grupo familiar vinculados ao beneficiário (§ 2º do art. 1º).

Todavia, oferece-se um prazo para a manifestação do interesse em ingressar no novo plano, que é de trinta dias (art. 2º), com a obrigação do empregador em comunicar aos beneficiários.

Unicamente às operadoras que mantêm planos ou seguros na modalidade individual ou familiar exige-se a faculdade de transferência, quando do cancelamento de plano ou seguro coletivo.

27 - Direitos do consumidor na rescisão do contrato de trabalho sem justa causa

Quando rescindido o contrato de trabalho sem justa causa, integrando o consumidor um plano ou seguro de saúde, reconhece-lhe a lei o direito à permanência no plano. É o que assegura o art. 30 da Lei nº 9.656: "Ao consumidor que contribuir para plano ou seguro privado coletivo de assistência à saúde, decorrente de vínculo empregatício, no caso de rescisão ou exoneração do contrato de trabalho sem justa causa, é assegurado o direito de manter sua condição de beneficiário, nas mesmas condições de que gozava quando da vigência do contrato de trabalho, desde que assuma também o pagamento da parcela anteriormente de responsabilidade patronal". Norma esta que foi regulamentada pela

Resolução nº 20, do CONSU, de 23 de março de 1999, publicada em 07 de abril de 1999, sendo que, quanto à obrigatoriedade de o ex-empregado pagar as prestações, consta nos §§ 3º e 4º de seu art. 3º.

Evidente o intuito de proteção da norma. Todavia, embora sem justa causa a rescisão ou exoneração, é atribuída ao consumidor a responsabilidade em pagar as prestações, não importando o fato de que, antes, eram satisfeitas pelo empregador. Esta obrigação não afasta as vantagens obtidas pelos empregados decorrentes de negociações coletivas de trabalho (§ 4º do art. 30), de sorte que a redução das prestações porventura conseguida por esta forma de negociação estende-se ao desempregado que permanece no plano. Deverá ele manifestar intenção de permanecer no plano, dentro do prazo de 30 dias após a formalização de comunicação da empresa empregadora, no sentido de lhe oportunizar a continuação ou não no plano.

Nem é permitido o agravamento das prestações, desligando-se a pessoa do plano coletivo e passando para um plano individual. O valor segue igual à época em que era empregado da empresa, submetendo-se aos mesmos reajustes e correções aplicados aos associados ou segurados que continuam no emprego. Se o ex-empregado, nos planos custeados integralmente pela empresa, participava de alguma forma nos planos, com a prestação de atividades direcionais ou em procedimentos, não pode ser prejudicado na utilização dos serviços de assistência médica ou hospitalar, e nem obrigado a participar do pagamento dos custos (§ 6º do art. 30, redação da Med. Prov. nº 1.801).

Assiste às empresas empregadoras a faculdade de oferecer aos ex-empregados plano próprio ou contratado, tendo para tanto o prazo de 14 meses, a contar da vigência da Res. nº 20, isto é, 07 de abril de 1999, para colocar em funcionamento qualquer um desses planos, segundo ordena o art. 3º da Res. nº 20. Em se tratando de

88 *Planos de Assistência e Seguros de Saúde*

empresa de autogestão, estabelece o § 1º do mesmo artigo um prazo para criação do plano de inativos, se ainda inexistente: até a data-base da categoria profissional a qual o ex-empregado estava vinculado.

Enquanto não for implantado um plano para atender os ex-empregados, mantém-se a forma que vinha antes vigorando para o demitido, ou seja, com a permanência nos planos dos funcionários ativos (§ 2º do art. 3º da Res. nº 20). De acordo com os §§ 3º e 4º do art. 3º da Res. nº 20, os encargos do plano, na parte do demitido, transferem-se para sua responsabilidade, devendo ele satisfazê-los, e alcançando o montante quantia igual à soma das contribuições patronal e do empregado (§ 6º do art. 3º). Correspondendo a obrigação em prestações pós-pagamento, ou efetuarem-se mensalmente, devendo o valor ser calculado pela média das 12 últimas contribuições integrais, ou do número de contribuições ser menores de 12, a partir da data de seu desligamento.

Transferem-se ao ex-empregado as condições do contrato estabelecidas para os funcionários em atividade, como prazo de carência e contribuições diferenciadas por faixa etária (§ 5º do art. 3º da Res. nº 20).

Já às empresas operadoras cumpre que ofereçam, quando procuradas, planos de assistência ou seguro tanto para os empregados ativos como para os exonerados ou demitidos sem justa causa, não se impedindo que um único plano atinja as duas categorias, segundo regulamento da Res. nº 20, acima referida. Sendo distintos os planos, isto é, separadamente para os ativos e inativos, o contrato a ser firmado tomará a forma de coletivo empresarial ou coletivo por adesão, para os ativos, e a forma de coletivo por adesão para os inativos (art. 2º, § 2º, da Res. nº 20). Admitida, outrossim, a parceria de empresas operadoras, no oferecimento de planos nesse campo (art. 2º, § 3º, da Res. nº 20). Se a empresa tiver planos por autogestão, mas não dispuser de plano para

Planos de Assistência e Seguros de Saúde 89

os inativos, o § 4º autoriza que contrate um plano específico para estes últimos.

Pode o ex-empregado permanecer no plano por prazo indeterminado, em razão da interpretação dada ao art. 30, § 5º, da Lei nº 9.656, pelo § 7º do art. 2º da Res. nº 20, e desde que não consiga novo emprego. No entanto, diante do mesmo § 7º do art. 2º da Res. nº 20, nada impede que o regulamento mantenha o ex-empregado até o tempo que ele desejar. Eis sua redação: "O exonerado ou demitido, a seu critério e segundo regulamento do plano, contrato ou apólice coletiva, pode permanecer no plano por prazo indeterminado, considerando como condição mínima o contido no § 5º do art. 30 da Lei nº 9.656/98".

É irrelevante o período de contribuição anterior, ou de filiação ao plano ou seguro, para o exercício do direito. Importa, porém, quanto à determinação do prazo de permanência no plano, no caso de não previsão no regulamento ou contrato do plano, o tempo de permanência, em vista do § 1º do art. 30, da Lei nº 9.656: "O período de manutenção da condição de beneficiário a que se refere o *caput* será de um terço do tempo de permanência no plano ou seguro, ou sucessor, com um mínimo assegurado de 6 meses e um máximo de 24 meses". De sorte que, tendo o ex-empregado participado do plano, em função da relação empregatícia, durante seis anos, assegura-se-lhe manter a condição de assistido ou segurado por mais vinte e quatro meses.

Estende-se igual direito aos membros do grupo familiar inscritos (§ 2º do art. 30). Falecendo o titular do contrato, permanece o direito em favor de seus dependentes, desde que incluídos no plano ou seguro (§ 3º do art. 30).

Se o plano da empresa empregadora é administrado ou operado por terceiros, manda o § 8º do art. 2º da Res. nº 20 a repactuação do respectivo contrato celebrado com a administradora ou operadora.

90 *Planos de Assistência e Seguros de Saúde*

Extinguindo-se o plano da empresa ou da companhia operadora, a empresa deve disponibilizar ao ex-empregado um outro plano na modalidade individual ou familiar, segundo o § 9º do art. 2º da Res. nº 20, que remete à Res. nº 19.

Aos ex-empregados exonerados entre 02.01.1999 até a data da vigência da Res. nº 20, que coincidiu em 07.04.1999, é permitida a opção aos benefícios de continuar no plano, desde que façam requerimento junto à empresa ex-empregadora, no prazo de 30 dias (Res. nº 20, art. 3º, § 7º).

28. Continuação do plano ou seguro ao aposentado

A aposentadoria não extingue o plano de assistência ou seguro, se estiver o aposentado filiado, e se optar pelo pagamento das prestações, desde, porém, que tenha contribuído, em plano coletivo, durante o prazo mínimo de dez anos. Este direito é assegurado pelo art. 31 da Lei nº 9.656, na letra da Medida Provisória nº 1.801: "Ao aposentado que contribuir para o plano ou seguro coletivo de assistência à saúde, decorrente de vínculo empregatício, pelo prazo mínimo de dez anos, é assegurado o direito de cobertura assistencial de que gozava quando da vigência do contrato de trabalho, desde que assuma o pagamento integral do mesmo".

Trata-se de uma regra de proteção à pessoa que já se encontra em um plano ou seguro. Não desponta tanto o caráter social, ou puramente assistencial, e sim um princípio de justiça, porquanto as necessidades aparecem sobretudo depois da aposentadoria, quando a pessoa se encaminha para a velhice.

Os requisitos básicos para assegurar o direito são: a) a contribuição durante dez ou mais anos; b) a partici-

Planos de Assistência e Seguros de Saúde **91**

pação em plano ou seguro coletivo; c) o vínculo empregatício no período da contribuição; d) a disposição em contribuir pessoalmente.

Não esqueceu a lei os casos de contribuição em período inferior a dez anos. Não ficaram ao desamparo tais aposentados. Para cada período de um ano de contribuições, assegura-se igual lapso de tempo de benefício, consoante consta no § 1º do art. 31: "Ao aposentado que contribuir para o plano ou seguro coletivo de assistência à saúde por período inferior ao estabelecido no *caput* é assegurado o direito de manutenção como beneficiário, à razão de um ano para cada ano de contribuição, desde que assuma o pagamento integral do mesmo".

Os direitos acima, tanto para quem contribuiu durante dez anos ou em período inferior, de acordo com a Res. nº 21, de 23.03.1999, em vigor desde 07.04.1999, estendem-se aos aposentados que se desligaram da empresa empregadora a partir de 02 de janeiro de 1999.

Outrossim, aos aposentados que optarem pela continuação do benefício estendem-se as disposições dos §§ 2º, 3º, 4º, 5º e 6º do art. 30 (§ 3º do art. 31), isto é, a extensão dos benefícios ao grupo familiar, a permanência para os dependentes em caso de morte, a participação nas vantagens obtidas pelos empregados, a cessação do benefício se contrair o aposentado novo emprego, e a não redução dos benefícios de assistência se tinha o aposentado alguma participação diversa que o custeio do plano.

As empresas empregadoras, por determinação do art. 2º da Res. nº 21, "devem oferecer plano próprio ou contratado, e as empresas operadoras ou administradoras de planos ou seguros de assistência à saúde devem oferecer à empresa empregadora, que o solicitar, plano de assistência à saúde para ativos e aposentados".

Faculta o § 1º do citado artigo a manutenção, num mesmo plano, funcionários ativos e aposentados, desde que haja acordo fomal entre a empresa empregadora e os empregados. No caso de manterem-se planos separados para ativos e inativos, e se os planos de assistência ou seguro forem contratados ou administrados por terceiros, manda o § 2º do art. 2º que a firma empregadora firme contrato coletivo empresarial ou coletivo por adesão para os ativos, e coletivo por adesão para os inativos, em nome dos empregados e ex-empregados, respectivamente, para ambos os planos, com uma única empresa operadora ou administradora. No plano dos inativos, abriga-se o universo de exonerados ou demitidos.

Se a operadora ou administradora de planos de assistência à saúde não dispuser de plano coletivo por adesão para inativos, concede-lhe o § 3º do art. 2º, sempre da Res. nº 21, autorização para firmar parceria com uma outra operadora ou administradora que disponha dessa modalidade de plano.

A contratação de uma empresa ou operadora de assistência ou seguro estende-se também para as empresas de autogestão que não quiserem operar diretamente para o universo de inativos (§ 4º do art. 2º da Res. nº 21). À empresa de autogestão que não tenha tais planos permite-se que absorva os aposentados de uma outra empresa, ou os inclua em seus planos, desde que a quantidade de beneficiários absorvidos não ultrapasse a quantidade de beneficiários de seu plano (§ 5º do art. 2º da Res. nº 21).

Está previsto o prazo de 30 dias para o aposentado optar, a contar da comunicação encaminhada pela empresa operadora, oportunizando a permanência (§ 6º do art. 2º da Res. nº 21).

Faculta-se ao aposentado, a critério seu e segundo o regulamento do plano, contrato ou apólice coletiva, permanecer no plano por prazo indeterminado, considerando como condição mínima o conteúdo no § 5º do art. 30 da Lei nº 9.656, ou seja, a não-admissão em novo emprego (§ 7º do art. 2º da Res. nº 21). Para tanto,

Planos de Assistência e Seguros de Saúde **93**

deve-se ter em conta a previsão nos documentos que selaram a sua participação.

Da mesma forma como se verifica com o ex-empregado, se o plano da empresa empregadora é administrado ou operado por terceiros, manda o § 8º do art. 2º da Res. nº 21, a repactuação do respectivo contrato celebrado com a administradora ou operadora.

Extinguindo-se o plano da empresa ou da companhia operadora, a empresa deve disponibilizar ao ex-empregado um outro plano na modalidade individual ou familiar, segundo o § 9º do art. 2º da Res. nº 21, que remete à Res. nº 19.

Assiste às empresas empregadoras a faculdade de oferecer aos aposentados plano próprio ou contratado, tendo para tanto o prazo de 14 meses, a contar da vigência da Res. nº 21, isto é, 07 de abril de 1999, para colocar em funcionamento qualquer um desses planos, segundo ordena o art. 3º da Res. nº 21. Em se tratando de empresa de autogestão, estabelece o § 1º do mesmo artigo um prazo para a criação do plano de inativos, se ainda inexistente: até a data-base da categoria profissional à qual o aposentado estava vinculado.

Enquanto não for implantado um plano para atender os aposentados, mantém-se a forma que vinha antes vigorando, ou seja, com a permanência dos planos dos funcionários ativos (§ 2º do art. 3º da Res. nº 21). De acordo com os §§ 3º e 4º do art. 3º da Res. nº 21, os encargos do plano, na parte do aposentado, transferem-se para sua responsabilidade, cumprindo a ele satisfazê-los. O montante deverá alcançar quantia igual à soma das contribuições patronal e do empregado (§ 6º do art. 3º). Correspondendo a obrigação a prestações pós-pagamento, ou efetuando-se mensalmente, calcula-se o valor pela média das 12 últimas contribuições integrais, ou do número de contribuições se menor de 12, a partir da data de seu desligamento.

94 *Planos de Assistência e Seguros de Saúde*

Transferem-se ao aposentado as condições do contrato estabelecidas para os funcionários em atividade, como prazo de carência e contribuições diferenciadas por faixa etária (§ 5º do art. 3º da Res. nº 21).

Aos que se aposentaram entre 02.01.1999 até a data da vigência da Res. nº 21, que coincidiu em 07.04.1999, é permitida a opção aos beneficiários de continuar no plano, desde que façam requerimento junto à empresa ex-empregadora, no prazo de 30 dias (Res. nº 21, art. 3º, § 7º).

29 - Ressarcimento, pelas operadoras, dos custos por serviços de atendimento prestados pelo SUS

Sempre que o SUS prestar serviços médicos a associados ou segurados de planos e de seguros de saúde, e desde que estes estejam previstos nos contratos, as operadoras deverão responder pelos custos, pagando tais serviços ao SUS.

É o que determina o art. 32, nos termos da MP nº 1801, que diz:

"Serão ressarcidos pelas operadoras, as quais alude o art. 1º, de acordo com normas a serem definidas pelo CONSU, os serviços de atendimento à saúde previstos nos respectivos contratos, prestados a seus consumidores e respectivos dependentes, em instituições públicas ou privadas, conveniadas ou contratadas, integrantes do Sistema Único de Saúde - SUS".

Normalmente, o atendimento feito nas unidades que são conveniadas ou contratadas pelo SUS, referem-se a casos de urgência e emergência. É possível, no entanto, que além destes casos sejam utilizadas unidades de alta especialização, que pertençam ao Poder Público.

Planos de Assistência e Seguros de Saúde

É do conhecimento de todos que os estabelecimentos conveniados ou contratados pelo SUS são por este ressarcidos pelas despesas realizadas no atendimento às pessoas assistidas, das quais nada é cobrado. As despesas decorrem, por exemplo, do fornecimento de medicação, consultas, exames, internações e outros serviços médicos utilizados.

Em quaisquer destes casos é justa a previsão legal, posto que insustentável que a operadora receba o pagamento por serviços prestados e custeados pelo SUS. Principalmente se levarmos em consideração a já precária e difícil realidade da saúde pública brasileira.

Alguns pontos específicos devem ser abordados.

29.1 - Como se procede o pagamento ao SUS

As operadoras deverão fazer o pagamento diretamente ao órgão gestor dos serviços. Ditos órgãos - Ministério da Saúde, Estados, Distrito Federal, Municípios - quando habilitados para gerir os serviços de saúde, deverão ter, no entanto, personalidade jurídica própria para receberem as verbas. Se não tiverem tal personalidade, o pagamento deverá ser feito diretamente ao SUS, em conta aberta em seu nome, de acordo com os procedimentos estabelecidos por tabela a ser fornecida.

Cabe aos gestores do SUS detalhar às empresas operadoras a relação dos procedimentos realizados, e seus custos para cada consumidor, devendo o ressarcimento ser efetuado até o trigésimo dia após a apresentação da fatura.

A apresentação da conta a ser ressarcida é passível de impugnação, ou de recusa dos valores cobrados, através de processo que seguirá aos comandos editados pelo CONSU (§§ 1º, 2º, 3º e 4º do art. 32, segundo redação dada pela MP nº 1.801).

Outrossim, segundo preceito do art. 12 da Res. nº 9, o pagamento nos casos em que os serviços forem realizados por entidades públicas, o depósito deverá ser feito no Fundo de Saúde específico para essa finalidade, ou na forma em que for ordenada pelo gestor local do SUS.

29.2 - Dos valores a serem ressarcidos

O art. 32, em seu § 5º, introduzido pela MP nº 1.801, estabelece o parâmetro a ser seguido, ao dispor que: "Os valores a serem ressarcidos não serão inferiores aos praticados pelo SUS e nem superiores aos praticados pelos planos e seguros". Ou seja, o valor a ser pago, na verdade, equivalerá aos preços praticados pelas operadoras em casos idênticos.

E como se chega aos valores cobrados no mercado?

A Res. nº 9 é que traz a resposta, mais precisamente em seu art. 3º, §§ 1º e 2º. Segundo seu comando, para efeito de fixação dos preços, vale a Tabela Única Nacional de Equivalência de Procedimentos - TUNEP, que deve identificar os procedimentos, descrevendo-os de forma clara e precisa, para proporcionar a uniformização das unidades de cobrança em todo País.

A referida Resolução é a normatizadora do ressarcimento daqueles serviços prestados aos usuários dos planos ou seguros de saúde por instituições públicas ou privadas conveniadas ou contratadas pelo SUS. É ela que atribui o dever de fixação dos valores aos gestores locais do SUS, mediante a homologação do CONSU.

O processo de apuração dos valores a serem atribuídos a cada item discriminado na TUNEP proceder-se-á através de reuniões nas quais se encontrem presentes os representantes das operadoras e das unidades prestadoras de serviços ao SUS. Segundo ordena o art. 4º, e seus parágrafos, tais reuniões deverão ser públicas, inclusive com a prévia convocação publicada na imprensa, mencionando as representações convocadas, para que estas apresentem suas propostas. Até não serem fixados os preços, na forma estipulada, caberá ao CONSU defini-los.

Planos de Assistência e Seguros de Saúde **97**

Os gestores locais do SUS são responsáveis pela implementação das rotinas administrativas para a cobrança e pagamento.

29.3. Como identificar os serviços prestados para se dar o ressarcimento

Os serviços médicos prestados aos usuários de planos ou seguros de saúde por entidades ligadas ao SUS terão a sua relação disponibilizada e individualizada nas Secretarias Estaduais ou Municipais de Saúde, impondo-se que contenham dados como a identificação do paciente, do prestador do serviço, o nome e o código do procedimento realizado, bem como seus valores (art. 7º).

Para que se possa viabilizar a cobrança, dita relação ficará disponível, na respectiva secretaria, durante um período de quinze dias consecutivos.

A operadora dirigir-se-á à Secretaria de Saúde para informar-se sobre os custos e o modo de pagá-los. Caso isto não ocorra, o órgão gestor poderá autorizar a unidade a proceder diretamente a cobrança, apresentando à operadora a relação dos procedimentos, com as descrições acima apontadas. A cobrança sempre será feita diretamente pela unidade prestadora do serviço, quando do este for tido como de urgência ou emergência (art. 8º).

29.4 - Impugnações e defesa quanto aos procedimentos realizados

As operadoras, como anteriormente citado, poderão, administrativamente, questionar os procedimentos que lhe são cobrados.

Tal questionamento leva-se a efeito mediante impugnação administrativa, que deverá ser apresentada junto ao gestor local do SUS, contendo as razões e documentos que amparem a inconformidade. É o que diz o art. 10: "No prazo de 15 (quinze) dias de que trata o artigo 7º, as operadoras poderão apresentar impugnações administrativas, acompanhadas de comprovação documental, alegando inexistência total ou parcial de cobertura para os atendimentos prestados, decorrente de disposição contratual".

É bom frisar que o prazo de 15 dias, que refere o art. 10, é aquele em que a relação dos procedimentos fica disponível junto à Secretaria de Saúde. Depois de encaminhada a cobrança, não será mais facultada eventual impugnação, eis que está é restrita ao período em que a relação se encontra na Secretaria.

Além disso, importante ressaltar que a impugnação descrita no já citado art. 10 restringe-se à alegação de não estar prevista contratualmente a cobertura para os atendimentos prestados, seja tal cobertura total ou parcial.

29.5 - Outras formas de impugnações permitidas

O art. 11 da Resolução nº 9 refere-se ainda a outras modalidades de impugnações, que são também chamadas impugnações de "caráter técnico". Essas impugnações são referentes à eficiência dos serviços, aos valores cobrados, e, também, à ocorrência ou não da cobertura. Nestes casos, o prazo para a apresentação da defesa, ou inconformidade, é de 180 (cento e oitenta) dias, que serão contados a partir da data do vencimento da cobrança impugnada.

O processo que se formar é diferenciado em relação àquele previsto no art. 10. Aqui, é necessário que o julgamento seja precedido, no mínimo, por uma verificação prévia nas entidades prestadoras dos serviços, ou, até mesmo, pela realização de perícias ou inspeções que comprovem como se deu o atendimento ao paciente.

É importante destacar que esta espécie de defesa não irá, de nenhuma forma, prejudicar a que diz respeito à cobertura ou não do serviço, nem suspenderá sua cobrança, na forma como é prevista no art. 7º, cujo prazo para oposição é de 15 dias.

Quando a prestação tiver sido paga, e a decisão for no sentido favorável à impugnante, esta terá direito de ser reembolsada pelo valor pago, ou compensar a quantia com os valores devidos por si no mês seguinte à decisão (art. 11, § 3º).

30 - Cobertura no atendimento de emergência e urgência

De acordo com o disposto no art. 35-D, incisos, com redação dada pela Medida Provisória nº 1.801, de 25 de março de 1999, é obrigatória a cobertura de atendimento nos casos de emergência e urgência em todos os planos ou seguros de saúde. Vejamos o que diz o referido texto legal:

"Art. 35-D. É obrigatória a cobertura do atendimento nos casos:

I - de emergência, como tal definidos os que implicarem risco imediato de vida ou de lesões irreparáveis para o paciente, caracterizado em declaração do médico assistente;

II - de urgência, assim entendidos os resultantes de acidentes pessoais ou de complicações no processo gestacional".

30.1 - Definições, distinções e exemplos

Importante definir e fazer uma breve distinção entre os casos considerados de emergência e aqueles tidos como de urgência.

Na emergência, o paciente apresenta um quadro clínico grave, com a possibilidade de ocorrer a sua morte ou mesmo lesões irreparáveis, caso lhe falte o atendimento médico necessário. Em outros termos, é a altera-

100 *Planos de Assistência e Seguros de Saúde*

ção aguda do estado de saúde que implica risco imediato de vida ou de lesões irreparáveis para o paciente, o que será caracterizado em declaração do médico assistente. Como exemplo, podemos citar o caso em que o paciente sofre uma parada cardiorrespiratória pós-enfarto agudo do miocárdio, ou um choque hipovolêmico por ruptura de aneurisma.

Já na urgência, a situação é menos grave, não havendo aí o risco de morte, ou de lesões irreparáveis. No entanto, a situação ainda assim é grave, necessitando cuidados médicos, especialmente nos casos que envolvam gestantes e aqueles que possam vir a comprometer determinados órgãos do organismo. Em suma, é uma alteração aguda do estado de saúde de uma pessoa, resultado de acidentes pessoais ou de complicações no processo gestacional. Assim, por exemplo, quando houver um acidente automobilístico, ou a queda de uma escada, e o paciente apresentar uma simples fratura, ou luxação na tíbia. Ainda como exemplos podemos referir crises hipertensivas e quadros de cólica renal ou apendicite.

Para bem dimensionar as situações ditas de urgência, importante termos presente o conceito, também, do que seriam os acidentes pessoais. Assim, podemos definir acidente pessoal como sendo aquele evento com data certa, exclusiva e diretamente externo, súbito, involuntário e violento, causador de lesão física que, por si só e independentemente de toda e qualquer outra causa, torne necessário o tratamento médico.

30.2 - *Obrigatoriedade de atendimento pelos planos existentes*

O parágrafo único do art. 35-D, na redação da Medida Provisória nº 1.801, determina que o CONSU regulamentará, mediante resoluções, suas determinações. Diante disso, foi editada a Resolução nº 13, de

03.11.1998, fixando nos vários planos existentes a obrigatoriedade do atendimento em tais casos.

No plano ambulatorial, a obrigação da entidade seguradora vai até as primeiras 12 horas de atendimento do paciente. A responsabilidade, porém, pode ter seu final antecipado nos casos em que haja a necessidade de procedimentos próprios e exclusivos do plano de cobertura hospitalar, de acordo com a gravidade do caso. Nestes casos, a responsabilidade pelos serviços passa a ser do beneficiário contratante (art. 2º e parágrafo único).

Já o plano hospitalar é mais amplo, atingindo os casos de emergência e urgência desde seu surgimento até a internação, e perdurando pelo tempo em que o paciente não receber alta, ou durante o período necessário no tratamento para a preservação da vida e dos órgãos. Ou seja, a internação é atingida pela cobertura (art. 3º).

Existem, porém, restrições que estão expressas nos parágrafos 1º, 2º e 3 º do referido artigo.

O § 1º do art. 3º estabelece que os casos de atendimentos de *emergência* (somente emergência), durante o período de carência, somente terão cobertura nas primeiras 12 horas, não havendo a cobertura para a internação hospitalar.

Já o § 2º do mesmo artigo determina que, para os casos onde se verifique a necessidade do atendimento de *urgência* (unicamente urgência), é preciso que tenha passado o período de 24 horas da vigência do contrato, para que a cobertura se realize sem restrições.

O § 3º do referido diploma dispõe que, se o caso não requerer os cuidados próprios do plano hospitalar, não sendo verificado o risco de vida, ou a lesão irreparável, não ocorrerá a cobertura.

Ainda no tocante ao plano hospitalar, com ou sem cobertura obstétrica, é bom frisar que os atendimentos de urgência e emergência são obrigatórios quando se referirem ao processo gestacional. Nestes casos, as complicações que envolvem a gestação merecem a cobertura, a qual, porém, impondo-se a necessidade de intervenções enquanto se estiver cumprindo o período de carência, se restringirá ao atendimento prestado nas mesmas condições previstas para o plano ambulatorial, abrangendo, conseqüentemente, as primeiras 12 horas desde a chegada da paciente e não se estendendo para internação quando esta se fizer necessária, conforme dispõe o art. 4º da Resolução nº 13.

Da mesma forma, o chamado plano ou seguro de referência dá direito à cobertura integral nos procedimentos tidos como de emergência e urgência, tanto no âmbito ambulatorial como hospitalar (art. 5º). Porém, quando no plano ou seguro de referência houver acordo de cobertura parcial temporária por doenças ou lesões preexistentes, a cobertura, tanto nos casos de urgência quanto nos de emergência, será idêntica àquela assegurada para o plano ambulatorial, ou seja, será garantida até as primeiras 12 horas desde o atendimento do paciente, não se estendendo nos casos em que seja necessária a internação, casos em que a responsabilidade passará a ser do usuário (art. 6º).

30.3. Cobertura da remoção do paciente nos casos de emergência e urgência

As operadoras de seguro, nos casos de emergência e urgência, devem garantir, além do que já foi exposto, a cobertura pela remoção, quando restar verificada, pelo médico assistente, a falta de recursos operacionais e médicos na unidade que primeiro tratou o paciente, e esta não mais tiver condições para prosseguir o tratamento.

O mesmo vale para as hipóteses em que haja necessidade de internação para os usuários dos contratos de plano ambulatorial. Porém, nos casos em que a remoção possa implicar risco de vida para o paciente, a operadora poderá se desobrigar desse ônus, eis que a prestadora do atendimento e o beneficiário do plano deverão entrar em acordo sobre a responsabilidade financeira da continuidade da assistência médica (art. 7º, § 1º). Isto ocorre porque o fato não pode ser imputável à operadora do seguro, posto que a deficiência é da entidade prestadora do serviço médico.

Quando for possível a remoção, sem riscos de vida, cabe à operadora remover o paciente para uma unidade de atendimento do SUS, a qual deverá apresentar totais condições e recursos para a continuidade do tratamento (§ 2º). A responsabilidade pelos custos da remoção, que se procederá em ambulância devidamente equipada, cessará somente no momento em que o paciente estiver registrado na unidade de atendimento do SUS para a qual foi removido (§ 3º).

Em caso de o paciente, ou seus responsáveis, optarem por outro estabelecimento, que não aquele do SUS indicado, faculta-se a transferência para o hospital ou unidade de atendimento de sua preferência. Todavia, tal decisão deve ser expressa, mediante assinatura de termo de responsabilidade, que desobrigará a operadora do ônus financeiro da remoção, bem como de eventual responsabilidade pelo tratamento médico a ser dispensado (§ 4º).

31 - Intervenção e fiscalização nas operadoras de planos e seguros de saúde

Como já visto em tópicos anteriores, especialmente na parte referente às obrigações das operadoras de planos e de seguros de saúde, não atuam as mesmas livremente, eis que agem sob fiscalização e controle de órgãos públicos destinados a gerir a saúde no País. Sobre tais órgãos, bem como suas funções, já nos referimos no item 9 deste livro.

Especificando mais o assunto, quanto à fiscalização das empresas operadoras, o art. 20 prevê que estas devem prestar, regularmente, ao Ministério da Saúde e à SUSEP, informações que permitam identificar os usuários, bem como seus dependentes, a fim de se formar um cadastro completo com todos os dados suficientes para um mapeamento dos contratantes desses serviços.

Tal cadastro é necessário, principalmente, para o ressarcimento dos serviços de atendimento à saúde prestados em instituições públicas ou privadas, conveniadas ou contratadas, integrantes do SUS, conforme previsão do art. 32 e seus parágrafos.

Para que a fiscalização seja mais eficiente, os servidores da SUSEP possuem, quando necessário, livre acesso às operadoras, podendo apreender e requisitar livros, notas técnicas, processos e documentos, para averiguação dos atendimentos (§ 1º do art. 20). Havendo qualquer oposição a tais procedimentos, fica caracterizada uma obstrução à fiscalização, sujeita a penas previstas na lei, como, por exemplo, imposição de multas. Da mesma forma, os servidores do Ministério da Saúde, na forma do previsto no § 2º, quando designados para este fim, têm livre acesso às operadoras e seguradoras, podendo requisitar documentos, processos, contratos, enfim, todos elementos necessários a uma correta fiscalização. Aqui, também, a obstrução à fiscalização é punida.

A parte financeira das operadoras de planos de saúde igualmente está sujeita à fiscalização, devendo estas publicar anualmente os demonstrativos e pareceres elaborados por auditores independentes e aptos para tanto (art. 22). Possibilita-se, no entanto, a pedido do CNSP, a requisição de uma auditoria independente, que seguirá as normas elaboradas pelo próprio Conselho, conforme dispõe o parágrafo único do art. 22.

Impõe-se rigorismo na fiscalização a que são submetidas as operadoras, com viabilidade de implicar

Planos de Assistência e Seguros de Saúde **105**

intervenção, conforme expressa o art. 24. Isso ocorre nas situações de insuficiência de garantias e de anormalidades econômico-financeiras ou administrativas graves, mediante a nomeação de um *diretor-fiscal* pela SUSEP.

A deficiência grave no desempenho das atividades que lhe são próprias enseja a intervenção nas operadoras de planos e seguros de saúde, caso em que o Ministério da Saúde designará um *diretor-técnico*, com atribuições fixadas por normas baixadas pelo CONSU, conforme disposto no art. 35-E, trazido pela Medida Provisória nº 1.801/99.

Em qualquer das situações acima descritas, cuja diferença que merece destaque é o fato de ser nomeado um diretor-*fiscal* para os casos relativos a problemas de ordem econômico-financeiro e administrativos, e um diretor-*técnico* para aqueles casos de cunho afeto diretamente ao exercício das atribuições da operadora, como por exemplo a falta de qualidade no tratamento dispensado aos beneficiários. O prazo da atuação da pessoa nomeada não poderá ultrapassar cento e oitenta dias.

Os parágrafos que seguem aos arts. 24 e 35-E ordenam o cumprimento, pelos administradores, conselheiros ou empregados da entidade submetida à intervenção, das determinações do diretor nomeado, cuja desobediência pode implicar o afastamento das funções, além das sanções penais cabíveis. Sempre será assegurado o direito à ampla defesa, porém o afastamento das funções poderá ser aplicado de imediato, não se suspendendo com a interposição de recurso (§ 1º).

Ao diretor nomeado, técnico ou fiscal, incumbe, obrigatoriamente, proceder à análise da situação em que se encontra a operadora, propondo ao Ministério da Saúde, ou à SUSEP, respectivamente, as providências cabíveis e que se fizerem necessárias ao controle da situação. Se tais medidas, no entanto, não surtirem os efeitos esperados para a regularização da operadora, o Ministério da Saúde determinará à SUSEP a aplicação da penalidade cabível, expressa no art. 25, VI (redação trazida pela MP 1.801), consistente no cancelamento provisório da autorização de funcionamento e alienação da carteira da operadora mediante leilão.

Já nos casos afetos diretamente à SUSEP, questões econômico-financeiras, a mesma medida será tomada, num prazo de noventa dias, conforme disposto no § 4º do art. 24.

32 - Adaptação dos contratos antigos à Lei nº 9.656.

A matéria que se passa a analisar, sobre a incidência da lei nova nos contratos já em vigor, é bastante controvertida, eis que existem aqueles que defendem que a lei nova não pode atingir contratos perfeitos, já constituídos, sob pena de ofensa a direito adquirido.

A par de tal discussão, porém, não poderia incidir a lei unicamente sobre os contratos que se formariam a partir de sua edição, eis que haveria dois sistemas diferentes aplicáveis para casos idênticos. Para regular tal situação, o art. 35, nos termos da MP nº 1.801, prevê que as disposições da Lei nº 9.656 são aplicáveis aos contratos celebrados a partir de sua vigência, assegurando, no entanto, para os consumidores com contratos em curso, realizados anteriormente à edição da lei nova, a possibilidade de optar pelo novo sistema introduzido. Para a efetivação de tal opção, deve ser respeitado o prazo máximo de quinze meses a partir da vigência da Lei 9.656, o qual iniciou na data de 2 de setembro de 1998, e prolonga-se até 2 de dezembro de 1999 (§ 1º do art. 35).

32.1 - Direitos decorrentes da opção à nova lei

Nos casos em que for manifestada a opção pela incidência da lei nova, a adaptação dos contratos não implicará nova abertura do prazo de carência, nem dos prazos de aquisição dos benefícios previstos nos artigos 30 e 31 da Lei 9.656 - pertinentes à aposentadoria do segurado e à rescisão contratual de trabalho, respectivamente - observados, porém, os prazos de cobertura previstos no contrato original (§ 2º do art. 35). Logicamente, a cobertura se estenderá até o prazo estipulado no contrato anterior, que, ao findar, se for substituído por outro, conforme a vontade do consumidor em manter ou não o plano ou seguro de saúde, será regulado pela lei atual.

Os contratos antigos, nos quais não houve a opção, pelo consumidor, para adaptação à lei nova, permanecem inalterados, não podendo ser ofendido o direito constituído, notadamente em relação ao disposto no Código de Defesa do Consumidor. Desta forma, preserva-se o direito dos consumidores em relação a cláusulas e condições abusivas, como em relação a certas negativas de coberturas, de escolha de hospitais, cláusulas de difícil compreensão e de reajuste desordenado das prestações, entre outras.

32.2 - *Prazo para a regularização de contratos antigos*

A adaptação dos contratos é regulada pela Resolução nº 4, de 31/11/1998. O art. 2º do referido diploma estabelece os prazos para que ocorram as alterações. Diz o art. 2º: "O prazo para a adaptação dos contratos celebrados anteriormente à Lei 9.656/98, previsto no § 1º do art. 35, deverá ser o do vencimento da periodicidade do contrato quando da sua assinatura". Já o § 1º do art. 2º limita o prazo para que os contratos mantenham as características que tinham anteriormente a Lei 9.656/98. Desta forma, os contratos podem ser renovados com as regras antigas, desde que a vigência seja até 02.12.1999, conforme determina o art. 35, § 1º, da referida Lei.

O § 2º, por sua vez, determina que os prazos previstos pela lei somente poderão ser antecipados por opção

108 *Planos de Assistência e Seguros de Saúde*

única e exclusiva do contratante, ou da empresa nos casos de contratos coletivos. O § 3º somente repete o prazo estabelecido no § 1º do art. 35, ou seja, dia 02.12.1999.

32.3 - Reajuste dos preços nas adaptações de contratos antigos

O art. 3º da Resolução nº 4 traz importantes orientações sobre a forma das adaptações relativamente à abrangência da cobertura nos planos. Tal dispositivo prevê que a adaptação para as novas modalidades de cobertura deverá ser para uma ou mais segmentações constantes no art. 12 da nova lei dos planos de saúde.

O mesmo art. 3º regulamenta, ainda, a maneira como se procederá o reajuste dos preços nos contratos antigos. Neste aspecto, vários são os fatores a serem levados em consideração. Primeiramente, vale dizer que o reajuste dos preços acompanhará, na medida exata, a proporção em que for aumentada a abrangência da cobertura. No entanto, é vedado qualquer aumento envolvendo doenças ou lesões preexistentes.

32.4 - Exclusões e cobertura parcial temporária nos contratos antigos

Outro ponto importante refere-se aos contratos que já estejam vigorando num espaço de cinco anos ou mais, e também aqueles que não possuam cláusulas de exclusão de lesões ou doenças preexistentes, doenças específicas e/ou coberturas estabelecidas pelos arts. 10 e 12 da Lei 9.656/98, os quais não são passíveis de exclusões nem mesmo de cobertura parcial temporária (§§ 1º e 2º).

O art. 4º, por sua vez, dispõe sobre os contratos que estejam em vigor há menos de 5 anos, e que tenham cláusulas que excluam determinadas doenças, ou que não atinjam àquelas coberturas previstas nos arts. 10 e 12 da Lei 9.656/98. Nestes contratos, é permitida a cláusula de cobertura parcial temporária.

O que é cobertura parcial temporária?

É aquela modalidade de cobertura na qual se admite que, em um determinado prazo, ocorra a suspensão da cobertura para casos determinados pela Lei. Tais casos referem-se à cobertura de determinados eventos cirúrgicos, procedimentos com alto grau de complexidade, por exemplo tratamentos de quimio e radioterapia, além daqueles que exijam a utilização de leitos que disponham de recursos de alta tecnologia, UTIs. O inciso IV do art. 1º da Resolução em estudo, que define a cobertura parcial temporária, relaciona, ainda, outras modalidades de exclusão estabelecidas nas alíneas abaixo:

"a) quaisquer doenças específicas;

b) coberturas previstas nos arts. 10 e 12 da Lei 9.656/98, conforme regulamentações específicas;

c) doenças e lesões preexistentes".

Assim sendo, o usuário poderá optar pela exclusão da cobertura para determinados casos, que, em princípio, não lhe interessa abranger, em virtude de seu histórico familiar e de acarretarem um acréscimo no valor das prestações.

32.5 - Prazos de duração da cobertura parcial temporária

Quando for feita a opção que permita a cobertura parcial temporária, deve-se observar os prazos fixados no art. 4º, páragrafo único, incisos I e II da Resolução nº 4, os quais limitam o período em que tal opção poderá perdurar. Assim, nos contratos com 18 ou mais meses de vigência na data de sua adaptação, a cobertura parcial temporária poderá ser efetivada pelo prazo máximo de 6 meses. Decorrido este prazo, o valor da contraprestação será idêntico ao praticado pela operadora no plano correspondente (inciso I).

Nos contratos que ainda não completaram 18 meses de vigência na data em que é feita a adaptação, o prazo da cobertura parcial temporária estende-se para 24 meses, contados a partir da vigência do contrato. Passado tal prazo (dois anos), o valor das contraprestações será igual àquele praticado pela operadora em plano idêntico (inciso II).

32.6 - Incidência da Lei nº 9.656 aos contratos celebrados antes de sua vigência

A Medida Provisória nº 1.801 traz exceções ao *caput* do art. 35, no ponto em que manda aplicar as disposições da lei aos contratos celebrados a partir da sua vigência, na medida em que, ao introduzir o art. 35-H, estabelece normas para os contratos celebrados anteriormente à vigência da nova Lei.

Tais exceções dizem respeito aos contratos cujos efeitos ainda proliferam, ou pendem de cumprimento ou, ainda, de sua realização. Nestes casos, não há que se falar em ofensa a direito adquirido, justamente porque os efeitos decorrentes do contrato ainda não se realizaram.

Quais seriam as regras estabelecidas pela Lei nova, de nº 9.656, e que regulam os contratos firmados anteriormente à sua vigência?

Nos incisos que seguem ao art. 35-H encontramos a resposta:

O inciso I estabelece que, para os consumidores com mais de 60 anos de idade, qualquer aumento no valor da prestação estará sujeito à autorização expedida pela SUSEP.

A alegação de doença ou lesão preexistente dependerá de regulação da matéria através de normas e resoluções emitidas pelo CONSU, segundo o disposto no inciso II.

A operadora não poderá suspender ou romper unilateralmente o contrato individual ou familiar, exceto nos casos em que houver fraude ou não forem pagas as mensalidades por mais de 60 dias, consecutivos ou não, nos últimos 12 meses de vigência do contrato. Nos casos de inadimplência, é obrigatória a comprovação, pela empresa operadora, de que tenha notificado o

Planos de Assistência e Seguros de Saúde **111**

consumidor de seu atraso, no máximo até 50 dias após o vencimento da obrigação (inciso III).

O inciso IV, por sua vez, proíbe a interrupção das internações hospitalares em leitos clínicos, cirúrgicos, ou em centros de terapia intensiva e similares, salvo a critério do médico assistente, quando entender desnecessária a continuidade da internação.

33 - Mudanças importantes na nova lei

O Ministério da Saúde elaborou importante trabalho (GUIA DOS DIREITOS DO CONSUMIDOR DE SEGUROS E PLANOS DE SAÚDE) sobre a nova Lei de Planos de Assistência e Seguro-Saúde, o qual passa a ser transcrito, com a finalidade de melhor esclarecer as inúmeras matérias pertinentes ao tema.

	Como era antes da lei	O que prevê a nova lei
Doenças preexistentes ou congênitas	Qualquer doença poderia ser, a qualquer tempo, considerada preexistente ou congênita. A operadora poderia negar o procedimento adequado, sem fornecer explicações claras.	As operadoras não podem mais deixar de tratar doenças preexistentes ou congênitas. Ao assinar o contrato, o consumidor preenche um formulário, orientado por um médico, declarando ser ou não portador de doença preexistente e/ou congênita.
AIDS e câncer	Muitos planos e seguros de saúde simplesmente excluíam o tratamento dessas doenças	A cobertura para AIDS e câncer é obrigatória, nos limites do tipo de plano adquirido (ambulatorial, hospitalar etc.). Se o consumidor já era portador dessas doenças quando adquiriu um plano ou seguro, elas serão consideradas preexistentes.
Idosos	Não havia regras claras para reajustes por faixa etária. Alguns planos apresentavam diferenças de preços de até 31 vezes entre a primeira e a última faixa para excluir o cliente na 3ª idade.	Ficam estabelecidas sete faixas etárias: de zero a 17 anos; 18 a 29 anos; 30 a 39 anos; 40 a 49 anos; 50 a 59 anos; 60 a 69 anos; e mais de 70 anos. O valor da mensalidade da última faixa etária não pode superar seis vezes o valor da primeira.

Deficientes físicos	Os planos e seguros de saúde não eram obrigados a oferecer cobertura a portadores de deficiência física.	A lei assegura que ninguém pode ser impedido de participar de um plano ou seguro de saúde por ser portador de qualquer tipo de deficiência. O atendimento será feito nos limites do plano ou seguro adquirido (ambulatorial, hospitalar etc.).
Transtornos psiquiátricos	Normalmente, pacientes com transtornos mentais, inclusive os dependentes químicos (alcoólatras e viciados em drogas), não tinham acesso sequer ao tratamento básico de saúde mental.	A lei prevê o atendimento a portadores de transtornos mentais, inclusive nos casos de intoxicação ou abstinência provocados por alcoolismo ou outras formas de dependência química. As operadoras devem cobrir lesões decorrentes de tentativa de suicídio, já que expressam transtornos psíquicos.
Transplantes	A maioria dos planos e seguros-saúde excluía qualquer tipo de transplante.	Os planos hospitalares e de referência cobrirão transplantes de rim e córnea e os gastos com procedimentos vinculados à cirurgia, incluindo despesas assistenciais com doadores vivos, medicamentos usados na internação, acompanhamento clínico no pós-operatório, despesas com captação, transporte e preservação dos órgãos.
Internações	Muitas operadoras de planos e seguros de saúde impunham limites no número de diárias, principalmente em UTI.	Não há mais limite no número de diárias em casos de internação, inclusive em UTI.
Troca de hospital credenciado	As operadoras poderiam substituir a qualquer tempo e por qualquer motivo os hospitais credenciados sem comunicar sequer à sua clientela.	A operadora passa a ter de comunicar ao consumidor e ao Ministério da Saúde 30 dias antes de substituir um prestador de serviço hospitalar de sua rede credenciada ou referenciada.
Fiscalização do Ministério	Como não havia regulamentação, quem precisava reclamar tinha de recorrer aos órgãos de defesa do consumidor.	Todas as operadoras serão fiscalizadas pelo Ministério da Saúde e pela Superintendência de Seguros Privados (SUSEP), autarquia vinculada ao Ministério da Fazenda. As punições vão desde advertências, multa de até R$ 50 mil, suspensão das atividades até o cancelamento da autorização de funcionamento.

Planos de Assistência e Seguros de Saúde 113

34 - O que muda para quem já possui plano ou seguro de saúde individual ou familiar

Todos os contratos firmados até 31 de dezembro de 1998 deverão ser adaptados obrigatoriamente para as novas regras na data de sua renovação ou até 02 de dezembro de 1999. A adaptação não implica nova contagem de carências.

A exemplo dos novos contratos, os consumidores que já possuíam planos ou seguros de saúde terão direito à cobertura de Aids, câncer, deficiências físicas, transtornos psiquiátricos, observada a abrangência do tipo de plano ou seguro contratado. Os reajustes terão de ser feitos dentro dos limites estabelecidos por mudança de faixa etária.

Todas as operadoras terão de dar cobertura a doenças e lesões preexistentes, mesmo para contratos que não previam este tipo de cobertura. Nesses casos, os prazos para o início da cobertura completa variam de acordo com o tempo de contrato na data de sua adaptação:

1 - Contratos com, no mínimo, cinco anos e naqueles que não prevêem exclusão de doenças e lesões preexistentes, doenças e procedimentos específicos discriminados em contratos - o consumidor terá direito à assistência imediata a partir da adaptação do contrato.

2 - Contratos assinados há mais de 18 meses e que estão em vigor há menos de cinco anos - o consumidor terá de esperar seis meses, a partir da adaptação do contrato, para ter direito à cobertura completa, que inclui eventos cirúrgicos, leitos de alta tecnologia (por exemplo internações em UTI) e procedimentos de alta complexidade (por exemplo, radioterapia, hemodiálise, quimioterapia). Este período de espera é chamado de cobertura parcial temporária.

114 *Planos de Assistência e Seguros de Saúde*

3 - Contratos assinados há menos de 18 meses na data da adaptação - nestes casos, a cobertura parcial temporária se estende até que se completem 24 meses de contrato.

Importante:
O consumidor tem direito a atendimento ambulatorial de até 12 horas em caso de urgência/emergência das doenças em que estiver cumprindo cobertura parcial temporária. Passado este prazo, ou se o paciente necessitar de internação hospitalar, será encaminhado a uma unidade da rede pública ou arcará com as despesas de atendimento em hospitais privados. A operadora arcará com a responsabilidade e os custos do encaminhamento.

35 - Coberturas dos planos e seguros de saúde previstos na nova lei

Plano Ambulatorial:
Compreende a cobertura de consultas em número ilimitado, exames complementares e outros procedimentos, em nível ambulatorial, incluindo atendimentos e procedimentos caracterizados como urgência e emergência até as primeiras 12 horas.

Exames - Prevê a realização de todos os exames que não exijam permanência num hospital por um período superior a 12 horas. Por exemplo, exames de laboratório, de imagem (radiografia, ultra-som etc). Estão excluídos os procedimentos em hemodinâmica.

Plano Hospitalar sem Obstetrícia:
Compreende atendimento em unidade hospitalar com número ilimitado de diárias, inclusive em UTI, transfusões, quimioterapia e radioterapia entre outros, necessários durante o período de internação. Inclui também os atendimentos caracterizados como de urgência e

Planos de Assistência e Seguros de Saúde **115**

emergência que evoluírem para internação ou que sejam necessários à preservação da vida, órgãos e funções.

Exames - É assegurada a cobertura de exames complementares realizados durante o período de internação hospitalar e procedimentos em hemodinâmica.

Plano Hospitalar com Obstetrícia:

Acresce ao Plano Hospitalar sem Obstetrícia a cobertura de consultas, exames e procedimentos relativos ao pré-natal, à assistência ao parto e ao recém-nascido durante os primeiros 30 dias de vida. Garante também a inscrição do recém-nascido como dependente, isento do cumprimento de carência, desde que a sua inscrição ocorra no prazo máximo de 30 dias após o nascimento.

Exames - Inclui os mesmos exames do Plano Hospitalar, acrescentando-se os relativos ao pré-natal, parto e ao bebê nos primeiros 30 dias de vida.

Plano Odontológico:

Cobertura de procedimentos odontológicos realizados em consultório, incluindo endodontia, periodontia, exames radiológicos e cirurgias orais menores realizadas em nível ambulatorial sob anestesia local.

Exames - É assegurada a cobertura de exames de radiologia realizados em consultório.

Plano Referência:

Representa o somatório dos quatro tipos de planos, compreendendo todos os procedimentos clínicos, cirúrgicos, obstétricos, odontológicos e os atendimentos de urgência e emergência. Este tipo de plano deve ser oferecido obrigatoriamente - a partir de 03 de dezembro de 1999 - por todas as operadoras e seguradoras, exceto as de autogestão e as exclusivamente odontológicas.

Exames - Inclui a realização de todos os exames previstos nos outros planos.

Combinação de Planos:

As operadoras poderão oferecer combinações diferentes de planos, como por exemplo: plano ambulatorial + plano hospitalar com obstetrícia ou plano ambulatorial + plano odontológico. Caberá ao consumidor escolher aquele que lhe for mais conveniente e oferecer maiores vantagens.

Exames - De acordo com as combinações contratadas.

36 - Resolvendo dúvidas mediante perguntas e respostas

Acomodação

Que tipo de acomodação hospitalar as operadoras de planos e seguros são obrigadas a garantir?

O consumidor com plano ou seguro com internação hospitalar tem direito a, no mínimo, o padrão de enfermaria ou centro de terapia intensiva ou similar (quando necessário). Em ambos os casos, não há limite de tempo de permanência.

Se não houver leito disponível nos hospitais da rede própria ou credenciada ao plano, a operadora terá de garantir ao consumidor uma acomodação em nível superior, sem cobrar nenhum custo adicional.

Acompanhante

Durante a internação o consumidor terá direito à cobertura para acompanhante?

A Lei obriga as operadoras de planos e seguros de saúde hospitalares e referência a oferecer esta cobertura a pacientes menores de 18 anos. É facultativo aos planos estender esta cobertura a acompanhante de paciente maior de idade.

Adaptação de Contratos

O que acontecerá com os contratos anteriores às novas regras?

Contratos firmados até 31 de dezembro de 1998 deverão obrigatoriamente ser adaptados à legislação na data de sua renovação ou a qualquer tempo a critério do consumidor, respeitado o prazo máximo de 02 de dezembro de 1999.

A adaptação dos contratos não implica nova contagem de carência ou mesmo parte do prazo que já tenha sido cumprido.

(Ver também Cobertura Parcial Temporária)

Agravo

O que é?

É o acréscimo que o consumidor vai pagar por mês para ter direito imediato à cobertura completa de doenças e lesões preexistentes.

Quando pode ocorrer?

No momento da adesão ao novo plano, se o consumidor optar pela cobertura imediata de doenças ou lesões preexistentes. Nesses casos, mesmo pagando a diferença, o consumidor terá de observar os prazos de carência previstos em contrato para procedimentos específicos (consultas, exames, internações etc).

Uma vez aceito pelo consumidor, o agravo ou acréscimo passará a fazer parte da mensalidade até o final do contrato.

Nos contratos antigos não é permitido o agravo, mas apenas cobertura parcial temporária às doenças e lesões preexistentes.

(Ver também Cobertura Parcial Temporária)

AIDS

Os planos ou seguros são obrigados a dar cobertura à AIDS ?

Sim, dentro dos limites estabelecidos pelo tipo de plano adquirido pelo consumidor (ambulatorial, hospitalar etc.).

Caso se trate de doença preexistente, ou seja, o consumidor já sabe que é portador à época da contratação do plano ou seguro, estará sujeito às mesmas regras aplicadas para doenças e lesões preexistentes.

Aposentado

Como fica a situação do trabalhador que possui plano ou seguro de saúde através da empresa ao se aposentar?

Terá direito às mesmas condições de cobertura assistencial de que gozava antes da aposentadoria se tiver contribuído para um plano ou seguro por, no mínimo, dez anos, e se assumir o pagamento integral do plano ou seguro.

Quando o período de contribuição for inferior a dez anos, o consumidor poderá continuar a se beneficiar do plano ou seguro-saúde, durante um período igual ao tempo de contribuição (por exemplo, se contribuiu oito anos, terá direito ao plano durante oito anos). Também neste caso, terá de assumir o pagamento integral do plano ou seguro. Esses direitos são extensivos aos dependentes inscritos na vigência do contrato de trabalho, mesmo em caso de falecimento do titular. Os direitos deixam de existir quando da admissão em novo emprego.

Área Geográfica

As operadoras de planos e seguros terão que oferecer atendimento no exterior?

A cobertura assistencial é obrigatória apenas para os tratamentos realizados exclusivamente no Brasil e dentro dos limites geográficos previstos no contrato.

Atendimento

A rede credenciada/referenciada poderá privilegiar consumidores dependendo do tipo de plano?

A marcação de consultas, exames e quaisquer outros procedimentos deve ser realizada para atender às necessidades do consumidor, dando-se prioridade aos casos de emergência e urgência a pessoas com mais de 65 anos, gestantes, lactantes e crianças de até cinco anos.

Além desses casos, o prestador de serviço ou profissional de saúde não pode fazer qualquer discriminação, independentemente do tipo de cobertura assegurada pelo plano do consumidor ou da operadora à qual esteja vinculado.

Atraso de Pagamento

O que acontecerá com o consumidor que atrasar o pagamento da mensalidade?

A operadora terá direito a suspender ou rescindir o contrato quando o consumidor atrasar a mensalidade por um período superior a 60 dias (consecutivos ou não) nos últimos 12 meses de vigência. O consumidor deverá ser notificado comprovadamente até o 50º dia de atraso.

Mesmo nestes casos, a operadora não poderá suspender a cobertura caso o titular do plano ou seguro de saúde esteja internado. Após a quitação do débito, a operadora não poderá estabelecer qualquer prazo de carência.

Autorizações

(Ver Mecanismos de Regulação)

Câncer

O tratamento de câncer é coberto pelo plano ou seguro de saúde?

Sim, dentro dos limites estabelecidos pelo tipo de plano adquirido pelo consumidor (ambulatorial, hospitalar etc.).

Caso se configure como doença preexistente, ou seja, o consumidor tinha conhecimento de ser portador à época da contratação do plano ou seguro, estará sujeito às mesmas regras aplicadas para doenças e lesões preexistentes.

Carências

O que é carência?

É um período predeterminado no início do contrato, durante o qual o consumidor não pode usar integralmente os serviços oferecidos pelo plano ou seguro de saúde. Para ter direito a exames, consultas e internações, o consumidor começa a pagar o plano, mas precisa esperar o prazo de carência vencer. A carência existe

120 *Planos de Assistência e Seguros de Saúde*

para evitar que o consumidor adquira um plano ou seguro de saúde, use os benefícios que precisa naquele momento e em seguida desista de continuar. Os prazos de carência podem variar em cada operadora, porém não podem ser maiores que os limites estabelecidos na Lei.

Quais são os períodos máximos de carências?
24 horas para os casos de urgência e emergência.
300 dias para parto a termo.
180 dias para os demais casos.

O recém-nascido, filho natural ou adotivo do consumidor, possuidor de plano hospitalar com cobertura obstétrica, estará isento de carência desde que seja inscrito no prazo máximo de 30 dias do nascimento.

O filho adotivo menor de 12 anos terá direito à inscrição em plano ou seguro de saúde, aproveitando os períodos de carência já cumpridos pelo consumidor adotante.

A operadora não poderá fazer recontagem de carências, no momento da renovação ou da adaptação do contrato.

Co-participação
O que é co-participação?

É quando o consumidor, por contrato, arca com parte do custo do procedimento. Normalmente, é estipulada em porcentagem. Por exemplo, o consumidor paga 25% de um tratamento, cabendo à operadora quitar o restante. A co-participação não pode ser integral (100%) ou ser tão alta a ponto de impedir o acesso do usuário ao tratamento necessário. Nas internações, a co-participação não pode ser em forma de percentual, exceto nos tratamentos psiquiátricos. A co-participação é um sistema de pagamento facultativo, que pode ser ou não oferecida pelas operadoras. Os planos com co-participação tendem a ser mais baratos para o consumidor.

(Ver Mecanismos de Regulação)

Coberturas

Quais as coberturas previstas no plano ambulatorial, hospitalar, hospitalar com obstetrícia e odontológico?

Plano Ambulatorial - Consultas médicas em número ilimitado nas clínicas básicas e especializadas, reconhecidas pelo Conselho Federal de Medicina; serviços de apoio diagnóstico, tratamentos e demais procedimentos solicitados pelo médico assistente e que não exijam apoio hospitalar por mais de 12 horas; atendimentos de urgência e emergência até 12 horas, com remoção após cumprido esse período nos atendimentos de urgência e emergência que exijam internação; além de alguns procedimentos especiais, como: hemodiálise, cirurgias oftalmológicas, quimioterapia e radioterapia.

Plano Hospitalar - Internações hospitalares com número de diárias ilimitadas, inclusive em UTI, exames complementares, medicamentos, anestésicos, oxigênio, transfusões, quimioterapia e radioterapia de acordo com a prescrição do médico assistente, taxa de sala nas cirurgias, materiais utilizados, remoção do paciente entre estabelecimentos hospitalares, dentro dos limites de abrangência do contrato, despesas do acompanhante no caso de pacientes menores de 18 anos e atendimentos de urgência e emergência.

Plano Hospitalar com Cobertura Obstétrica - Além da cobertura oferecida no plano hospitalar, inclui os procedimentos relativos ao pré-natal, assistência ao parto e ao recém-nascido natural ou adotivo nos primeiros 30 dias de vida.

Plano Odontológico - Consultas, exames radiológicos, cobertura de procedimentos preventivos de dentística e endodontia, tratamento de cáries, cirurgias orais menores que possam ser feitas em consultório sem anestesia geral e atendimentos de urgência e emergência.

122 *Planos de Assistência e Seguros de Saúde*

Cobertura Parcial Temporária
O que é?
Aplica-se às doenças e lesões preexistentes e às doenças que não eram obrigatoriamente cobertas pelos contratos anteriores à nova Lei (por exemplo, Aids, câncer, doenças congênitas). É um período determinado de tempo em que a operadora não é obrigada a dar cobertura completa a esses casos - como procedimentos de alta complexidade, cirurgias e leitos de alta tecnologia. Cumprido este prazo específico, o consumidor passa a usufruir a cobertura integral.

Em que situações poderá haver cobertura parcial temporária?
1 - Em contratos novos (assinados a partir de 1º de janeiro de 1999) - até 24 meses, quando não houver agravo;
2 - Em contratos antigos (assinados até 31 de dezembro de 1998):
a) Contratos assinados há mais de 18 meses e que estão em vigor há menos de cinco anos - o consumidor terá de esperar seis meses, a partir da adaptação do contrato, para ter direito à cobertura completa, que inclui cirurgias, leitos de alta tecnologia (por exemplo internações em UTI) e procedimentos de alta complexidade (por exemplo, radioterapia, hemodiálise, quimioterapia).
b) Contratos assinados há menos de 18 meses contados a partir da data de adaptação - nestes casos, a cobertura parcial temporária se estende até que se completem 24 meses do contrato.

Em que situações não poderá haver cobertura parcial temporária?
Nos contratos com, no mínimo, cinco anos e naqueles que não prevêem exclusão de doenças e lesões preexistentes, doenças e procedimentos específicos discriminados em contratos. Também nos contratos novos

Planos de Assistência e Seguros de Saúde **123**

(assinados a partir de 1º de janeiro de 1999) dos consumidores portadores de doenças e lesões preexistentes, que optaram pelo agravo no ato da contratação.

Obs.: Para fazer este cálculo, o consumidor deve verificar a data da assinatura do contrato.

Consultas

Pode haver limite de consultas?

Não. A Lei 9.656/98 estabelece que não pode haver limitação para número de consultas médicas em clínicas básicas ou especializadas.

Quais as condições que deverão obrigatoriamente constar nos contratos?

Nos contratos, regulamentos ou condições gerais dos planos e seguros devem constar dispositivos que indiquem com clareza:

- condições de admissão;

- início da vigência;

- períodos de carência para consultas, internações, procedimentos e exames;

- faixas etárias e os respectivos percentuais de reajuste;

- condições de perda da qualidade de beneficiário ou segurado;

- eventos cobertos e excluídos;

- modalidades do plano ou seguro;

- franquia, os limites financeiros ou o percentual de co-participação do consumidor, contratualmente previstos nas despesas com assistência médica, hospitalar e odontológica;

- bônus, os descontos ou os agravamentos da mensalidades;

- área geográfica de abrangência do plano ou seguro de saúde;

- critérios de reajuste e revisão das mensalidades;

- número do certificado de registro da operadora, emitido pela SUSEP.

A todo consumidor titular de plano individual ou familiar será obrigatoriamente entregue, quando da sua inscrição, cópia do contrato, do regulamento ou das condições gerais do plano ou seguro, além de material explicativo.

Na documentação relativa à contratação de planos e seguros com redução da cobertura prevista no plano ou seguro referência, deve constar declaração em separado do consumidor contratante de que tem conhecimento da existência e disponibilidade do plano ou seguro referência e de que este lhe foi oferecido (o plano ou seguro referência deve obrigatoriamente ser oferecido a partir de 03 de dezembro de 1999).

As operadoras poderão antecipar a oferta do Plano Referência, a qualquer tempo, antes da data de 03 de dezembro de 1999.

O que é contrato novo?

É o contrato assinado a partir de 1º de janeiro de 1999.

E contratos antigos?

São os contratos assinados até 31 de dezembro de 1998.

Credenciados

Quais as condições que as operadoras terão que cumprir quando da inclusão ou exclusão de qualquer prestador na sua rede credenciada/referenciada?

A operadora só poderá substituir um prestador de serviço hospitalar por outro equivalente, quando avisar os consumidores e o Ministério da Saúde, com 30 dias de antecedência, exceto em casos de fraude ou infração das normas sanitárias e fiscais em vigor.

Quando houver substituição de prestador de serviço hospitalar, por vontade da operadora, durante o período de internação do consumidor, o estabelecimento obriga-se a manter a internação, e a operadora, a pagar as despesas até a alta hospitalar. A exceção desta

Planos de Assistência e Seguros de Saúde **125**

regra só acontece quando a substituição é motivada por infração às normas sanitárias em vigor durante o período de internação. Neste caso, a operadora arcará com a responsabilidade pela transferência imediata para outro estabelecimento equivalente, garantindo a continuação da assistência, sem despesas para o consumidor.

A operadora somente poderá reduzir o número de credenciados da sua rede hospitalar com autorização prévia do Ministério da Saúde.

(Ver também Atendimento)

Deficiência física ou mental

As operadoras de plano ou seguro poderão recusar portadores de deficiência?

Não. A Lei 9.656/98 garante que ninguém pode ser impedido de participar de plano ou seguro de saúde por ser portador de deficiência.

Demitidos/Exonerados

O consumidor demitido ou exonerado pode continuar participando do plano ou seguro de saúde da empresa?

No caso de rescisão ou exoneração, sem justa causa, o consumidor mantém a condição de beneficiário por um período equivalente a 1/3 do tempo de permanência no plano ou seguro, ou sucessor. O prazo mínimo assegurado é de seis meses, e o máximo é de 24 meses. Independentemente do tempo, o consumidor terá de assumir o pagamento integral da mensalidade.

Esse direito de permanência é garantido aos seus dependentes no plano ou seguro durante o mesmo período, inclusive em caso de morte do titular. O direito deixará de existir quando da admissão em novo emprego.

Doenças Congênitas

As doenças congênitas têm cobertura pela nova Lei?

Sim. Pela nova Lei, a criança nascida com alguma doença, cujo parto foi coberto por plano ou seguro de saúde, tem assistência garantida nos primeiros 30 dias de vida dentro da cobertura do plano do titular. Se neste período for inscrita num plano ou seguro de saúde da mesma operadora, não precisará cumprir carência, agravo ou cobertura parcial temporária.

A situação muda se o portador de doença congênita não nascer dentro da cobertura do plano de um titular. Ao adquirir um plano ou seguro de saúde, este consumidor poderá ter sua doença congênita classificada como doença ou lesão preexistente, caso ele ou seu responsável já tenha conhecimento prévio desta doença. De qualquer maneira, seu acesso ao plano ou seguro jamais poderá ser impedido.

(Ver também Doenças e Lesões Preexistentes)

Doenças e Lesões Prexistentes

O que são doenças e lesões preexistentes?

São doenças e lesões que são do conhecimento do consumidor no momento em que assina o contrato.

Pode ser negado acesso ao plano ou seguro de saúde ao consumidor portador de doenças ou lesões preexistentes?

Não. Entretanto, ao contratar um plano ou seguro de saúde, o consumidor é obrigado a informar à empresa contratada a condição sabida de doença ou lesão preexistente, devendo ter a orientação de médico para o preenchimento do formulário específico da "entrevista qualificada". A omissão dessa informação pode ser caracterizada como fraude, podendo acarretar, por parte da empresa, a rescisão ou suspensão contratual. Havendo divergências entre os contratantes quanto à alegação, será aberto um processo administrativo no Ministério da Saúde para julgamento, não sendo permitida a suspensão do contrato até o seu resultado.

A operadora poderá comprovar o conhecimento prévio do consumidor quanto à doença ou lesão preexistente, durante um período de até 24 meses a partir da data de assinatura do contrato.

Nos casos de fraude comprovada e reconhecida pelo Ministério da Saúde, a empresa é proibida de suspender e rescindir o contrato, durante a ocorrência de internação do titular. Entretanto, as despesas efetuadas com doença ou lesão preexistente serão de responsabilidade do consumidor.

Na constatação de doença ou lesão preexistente, serão oferecidas ao consumidor duas alternativas: "cobertura parcial temporária" ou "agravo do contrato".

(Ver também Entrevista Qualificada)

Entrevista Qualificada

O que é e quando ocorre a entrevista qualificada?

Trata-se do preenchimento pelo consumidor, no ato da contratação, de um formulário de declaração de saúde, elaborado pela operadora e sob orientação de um médico, com o objetivo de identificar doenças e lesões preexistentes do consumidor e seus dependentes. O médico orientador será escolhido pelo consumidor entre uma lista de profissionais credenciados ou referenciados que a operadora deve disponibilizar para esse fim.

Se o consumidor quiser ser orientado por profissional não pertencente à lista da operadora, poderá fazê-lo. Neste caso, ele terá de arcar com as despesas da entrevista.

Exames

Quais os exames cobertos em cada tipo de plano?

No Plano Ambulatorial, é assegurada a cobertura de serviços de apoio diagnóstico que não necessitem de estrutura hospitalar por mais de 12 horas, com exceção dos procedimentos em hemodinâmica.

No Plano Hospitalar, é assegurada a cobertura de exames complementares realizados durante o período de internação hospitalar e procedimentos em hemodinâmica.

No Plano Hospitalar com Cobertura Obstétrica, são assegurados os mesmos exames do Plano Hospitalar, acrescidos dos relativos ao pré-natal, assistência ao parto e ao recém-nascido durante os primeiros 30 dias após o parto.

No Plano Odontológico, é assegurada a cobertura de exames radiológicos solicitados pelo dentista.

Faixa Etária

Quais as faixas etárias estabelecidas pela Lei?

Foram estabelecidas sete faixas etárias:

I - Zero a 17 anos de idade;

II - 18 a 29 anos de idade;

III - 30 a 39 anos de idade;

IV - 40 a 49 anos de idade;

V - 50 a 59 anos de idade;

VI - 60 a 69 anos de idade;

VII - 70 anos de idade ou mais.

A Lei estabelece limite de reajuste por variação de faixa etária?

As empresas podem adotar reajustes entre as faixas etárias desde que o valor da mensalidade da sétima faixa não custe mais do que seis vezes o valor da primeira faixa.

As faixas etárias e os respectivos percentuais de reajuste deverão estar descritos no contrato.

A variação da mensalidade por mudança de faixa etária não pode atingir o consumidor com mais de 60 anos de idade que participe de um plano ou seguro sucessor há mais de dez anos.

(Ver também Plano ou Seguro Sucessor)

Filho Adotivo

O filho adotivo tem direito a ser dependente no plano ou seguro de saúde?

É assegurada a inscrição no plano ou seguro de saúde como dependente, isento do cumprimento dos períodos de carência, desde que a inscrição ocorra em 30

Planos de Assistência e Seguros de Saúde **129**

dias após o nascimento, e quem adota seja possuidor de Plano Hospitalar com Cobertura Obstétrica.

É assegurada a inscrição de filho adotivo, menor de 12 anos de idade, aproveitando os períodos de carência já cumpridos pelo consumidor adotante.

Fiscalização

Haverá alguma fiscalização do cumprimento da Lei?

As empresas que operam planos e seguros privados de assistência à saúde serão fiscalizadas pelo Ministério da Saúde e pela Superintendência de Seguros Privados, a SUSEP, autarquia vinculada ao Ministério da Fazenda.

Franquia

O que é franquia?

Franquia é o valor estabelecido no contrato, de plano ou seguro de saúde, até o qual a operadora não tem responsabilidade de cobertura, quer nos casos de reembolso ou nos casos de pagamento à rede credenciada ou referenciada. Neste caso, o valor é de responsabilidade do consumidor.

A Lei autoriza as operadoras a oferecer à sua clientela planos ou seguros que contenham mecanismos de regulação como, por exemplo, a modalidade de franquia.

A franquia utilizada pelas empresas não pode alcançar valores de modo a restringir o acesso aos serviços pelo consumidor. A franquia deve estar descrita em contrato.

Hemodiálise

O plano ou seguro cobre hemodiálise?

Sim, no Plano Ambulatorial, quando realizada em nível ambulatorial.

No Plano Hospitalar, quando realizada durante a internação e quando for necessária para dar continuidade à assistência prestada em nível de internação hospitalar, mesmo após a alta.

No Plano Referência, sempre.

Idade

A operadora pode se recusar a receber um consumidor no plano ou seguro em função da idade?

Não. Ninguém pode ser impedido de participar de planos ou seguros de saúde em razão da idade.

Interrupção da Assistência e Cobertura

Pode haver interrupção da assistência ou da cobertura?

A interrupção da internação hospitalar, mesmo em UTI, somente pode ocorrer por decisão do médico responsável pelo paciente.

Outras coberturas previstas em contrato podem ser interrompidas por rescisão contratual.

Nos casos de interrupção por atraso de pagamento, a operadora não pode estabelecer qualquer prazo de carência após quitação do débito.

(Ver também Rescisão)

Limitação de Cobertura

Pode haver limitação de cobertura para consultas, internações e diárias em UTI?

A Lei não permite à operadora de plano ou seguro restringir a cobertura contratada, exceto no que diz respeito às limitações próprias de cada tipo de plano (ambulatorial, hospitalar com ou sem obstetrícia, odontológico etc.).

(Ver também Exclusões)

Livre Escolha

O que é ?

É a liberdade do consumidor de escolher os profissionais ou serviços pelos quais será atendido e que não pertençam à rede de prestadores de serviços da operadora. As despesas são reembolsadas, desde que estejam previstas em contrato.

A opção pela livre escolha é obrigatória em caso de seguros de saúde.

Planos de Assistência e Seguros de Saúde **131**

Mecanismo de Regulação

O que são mecanismos de regulação?

São os recursos adotados pelas operadoras de planos e seguros saúde para controlar a demanda ou a utilização dos serviços assistenciais prestados aos consumidores.

Todos esses mecanismos têm de ser aprovados previamente pelo Ministério da Saúde.

Esses recursos não podem restringir, dificultar ou impedir o acesso do consumidor a qualquer tipo de atendimento ou procedimento, devendo estar claramente descritos no contrato.

Os produtos que estabeleçam mecanismos de regulação devem oferecer preços mais acessíveis para os consumidores.

As modalidades de mecanismos de regulação mais comuns são:

Autorizações prévias - autorizações para determinados procedimentos, que obrigam o consumidor a solicitar liberação da operadora antes da sua realização;

Direcionamento - o consumidor só pode realizar os procedimentos previamente determinados no credenciado/referenciado escolhido pela operadora;

Porta de entrada - o consumidor tem de passar por um médico avaliador que irá ou não autorizar a realização de um determinado procedimento, antes de dirigir-se a um especialista;

Franquia - valor previamente estabelecido até o qual a operadora de plano ou seguro não tem responsabilidade de cobertura, seja no reembolso, seja no pagamento direto à rede credenciada/ referenciada;

Co-participação - é a parcela de pagamento que cabe ao consumidor pela realização de um procedimento.

Medicamentos

Os planos ou seguros estão obrigados a cobrir medicamentos?

É obrigatório o fornecimento dos medicamentos necessários à realização dos procedimentos médicos em nível ambulatorial ou hospitalar, com exceção dos medicamentos importados não-nacionalizados (aqueles que são fabricados e embalados no exterior).

Não é obrigatório o fornecimento de medicamentos para tratamento domiciliar.

Operadoras de Planos ou Seguros de Saúde

Qual a diferença?

Operadora de Planos de Saúde - É uma empresa privada que oferece planos de saúde a partir do pagamento de mensalidade e/ou co-participação nas despesas médicas e que ofereça atendimento em rede própria ou por meio de serviços credenciados.

Operadora de Seguro de Saúde - É uma empresa privada voltada para a venda de seguros que garantem a cobertura de assistência médica-hospitalar, mediante livre escolha do prestador pelo consumidor, com reembolso das despesas.

Órteses e Próteses

O que são órteses e próteses?

Ambas são peças ou aparelhos. A prótese substitui de forma artificial uma parte do corpo danificada por doença ou acidente (por exemplo, pinos metálicos, válvulas cardíacas etc.). Já a órtese auxilia o desempenho de um órgão do corpo (por exemplo, marca-passo etc.)

Os planos ou seguros estão obrigados a cobrir órteses e próteses?

Sim, é obrigatória a cobertura de órteses, próteses e seus acessórios nos planos hospitalar e referência, apenas quando relacionados ao ato cirúrgico, desde que não tenham finalidade estética.

Plano ou seguro sucessor

O que é plano ou seguro sucessor?

É quando uma operadora transfere ou vende sua carteira de clientes para outra. Pode ocorrer ainda quando a mesma operadora muda sua constituição jurídica.

Planos
(Ver Coberturas)

Quimioterapia
O plano ou seguro cobre quimioterapia?
Sim, no Plano Ambulatorial, quando realizada em nível ambulatorial.

No Plano Hospitalar, quando realizada durante a internação ou quando for necessária para dar continuidade à assistência prestada em nível de internação hospitalar, mesmo após a alta.

No Plano Referência, sempre.

Radioterapia
O plano ou seguro cobre radioterapia?
Sim, no Plano Ambulatorial, quando realizada em nível ambulatorial;

No Plano Hospitalar, quando realizada durante a internação ou quando for necessária para dar continuidade à assistência prestada em nível de internação hospitalar, mesmo após a alta.

No Plano Referência, sempre.

Reajustes
Em que situações a mensalidade de um plano ou seguro de saúde de contratação individual pode aumentar?

Quando o consumidor mudar de faixa etária, devendo os percentuais de reajuste estar claramente descritos em contrato. Ou quando autorizado pela SUSEP, com base em análise técnica.

Existem regras especiais para quem tem mais de 60 anos de idade?

Sim. Aumentos para consumidores com mais de 60 anos de idade devem ser aprovados previamente pela SUSEP. Além disso, os consumidores com mais de 60 anos e mais de dez anos no mesmo plano ou seguro de saúde, ou sucessor, não podem sofrer aumento por mudança de faixa etária. Esta regra vale para consumi-

134 *Planos de Assistência e Seguros de Saúde*

dores que mudarem de faixa etária a partir de 03 de setembro de 1998.

E para contratos coletivos?

Para contratos coletivos, o reajuste das mensalidades não precisa ser submetido à aprovação da SUSEP, vale a livre negociação entre as partes.

(Ver também Plano ou Seguro Sucessor)

Récem-nascido

O plano ou seguro de saúde dá cobertura ao recém-nascido mesmo após a alta da mãe?

Sim. O Plano Hospitalar com obstetrícia garante essa cobertura durante os primeiros 30 dias após o parto, inclusive em UTI neonatal. Se durante esse período o recém-nascido for inscrito no plano ou seguro como dependente, haverá a continuidade da cobertura, sendo proibida a alegação de doença ou lesão preexistente ou estabelecimento de prazos de carência.

Reembolso

Em que situações o consumidor tem direito a reembolso de despesas com assistência à saúde fora da rede credenciada ou referenciada pelo plano ou seguro de saúde?

No seguro saúde, e dentro dos limites de cobertura do contrato, sempre.

Nos planos de saúde, somente nos casos de urgência e emergência, quando não for possível a utilização de serviços próprios, contratados ou credenciados. Neste caso, o reembolso se dará de acordo com os preços praticados pelo plano de saúde e nos limites da cobertura contratada.

O prazo máximo para o reembolso das despesas é de 30 dias após a apresentação da documentação comprovando as despesas efetuadas.

Registros de Operadoras/Registro de Tipos de Planos

Como o consumidor pode saber se está adquirindo plano ou seguro de saúde de operadoras legalizadas?

Cada produto (tipo de plano ou seguro de saúde) deve estar devidamente registrado no Ministério da Saúde e as operadoras de planos e seguros de saúde, igualmente registradas na SUSEP. Ao adquirir um plano ou seguro de saúde, o consumidor deve sempre se certificar ou exigir a comprovação dos registros.

Remoções

As operadoras cobrem despesas com remoção? Em que situações?

Quando o consumidor for possuidor de plano ou seguro referência ou hospitalar, sempre que houver necessidade comprovada de transferência para realização de exame ou procedimento, falta de recursos ou em situações de urgência e emergência, dentro da área de abrangência do contrato, em ambulâncias que ofereçam os recursos necessários a garantir a manutenção da vida do consumidor.

No caso de plano ambulatorial, em situações de urgência e emergência. Caso haja necessidade de internação, a operadora deverá providenciar remoção do paciente para um hospital da rede pública, só cessando sua responsabilidade após o registro do paciente.

Renovação e Vigência de Contrato

Qual o prazo de vigência de um contrato de plano ou seguro de saúde?

No caso de planos de seguros individuais, a vigência mínima é de um ano com renovação automática, sem recontagem de carências ou cobrança de taxas.

Rescisão

Em que situações as operadoras de planos ou seguros poderão rescindir contratos?

Contratos individuais e familiares só podem ser rescindidos em duas situações: em caso de fraude comprovada (quando o consumidor mentiu ou omitiu informações ao contratar o plano ou seguro) ou em caso de atraso acumulado de 60 dias no pagamento das mensalidades nos últimos 12 meses do contrato, desde que haja a notificação do titular até o 50º dia.

Durante a internação hospitalar do titular, a operadora é proibida por Lei de promover a suspensão ou rescisão do contrato.

Nos casos de planos de contratação coletiva, a operadora poderá propor reajuste do contrato à empresa contratante mediante livre negociação. Não havendo acordo, a operadora poderá rescindir o contrato, respeitados os prazos previstos.

(Ver também Atraso de Pagamento)

Ressarcimento ao SUS

Com a nova legislação, o que muda quando o consumidor de planos ou seguros for atendido pela rede pública?

Todos os consumidores de planos e seguros de saúde têm o pleno direito ao atendimento pelo SUS. Entretanto, os consumidores quando atendidos na rede pública devem informar ser possuidores de algum plano ou seguro.

Esta comunicação é necessária para possibilitar que a operadora possa ressarcir ao SUS as despesas efetuadas no atendimento.

Rol de Procedimentos

O que se entende por rol de procedimentos?

É uma lista de procedimentos (exames, cirurgias, tratamentos etc.) que serve como referência básica para cobertura assistencial conforme cada modalidade de plano ou seguro.

O consumidor poderá consultar esta lista para saber se um procedimento é ou não coberto pelo plano ou seguro-saúde que adquiriu.

Saúde Mental

A Lei garante cobertura para transtornos psiquiátricos e dependência química, inclusive internação?

Planos de Assistência e Seguros de Saúde **137**

Sim. Está garantida a cobertura do tratamento de transtornos psiquiátricos e/ou de dependência química, conforme a segmentação do plano.

No Plano Ambulatorial, é garantida a cobertura em emergência (inclusive tentativa de suicídio) e "psicoterapia breve de crise", entendida como extensão ao tratamento de emergência, realizada por meio de sessões com profissional especializado na área de saúde mental.

A psicoterapia breve de crise é limitada a 12 sessões por um período equivalente a 12 meses, contado a partir da data da assinatura dos contratos novos ou da data de adaptação dos contratos assinados até 31 de dezembro de 1998.

A Lei estipula em 12 semanas a duração máxima da psicoterapia breve.

No Plano Hospitalar, é garantido tratamento básico em hospital psiquiátrico ou hospital geral, dependendo se a origem da crise ou intercorrência for decorrente de transtorno psiquiátrico ou de dependência química.

Se decorrente de transtorno psiquiátrico, o tempo máximo de internação em que a operadora se responsabiliza pelo custeio integral é de 30 dias.

No caso de dependência química (por exemplo intoxicação ou abstinência), este período passa a ser de, no máximo, 15 dias. As operadoras poderão ampliar essas coberturas por meio da cobrança de co-participação financeira ou franquia, desde que essas modalidades estejam previstas no contrato.

E a psicanálise?

A Lei não garante cobertura à psicanálise.

Transfusão

O plano ou seguro cobre transfusão?

Sim, no Plano Ambulatorial, quando realizada em nível ambulatorial.

No Plano Hospitalar, quando realizada durante a internação ou quando for necessária para dar continui-

138 *Planos de Assistência e Seguros de Saúde*

dade à assistência prestada em regime de internação hospitalar, mesmo após a alta hospitalar.

No Plano Referência, sempre.

Transplantes

Que tipos de transplantes os planos e seguros de saúde são obrigados a cobrir?

A Lei assegura a cobertura de transplante de rim e córnea para os consumidores possuidores de planos ou seguros hospitalar e referência.

O paciente candidato a transplante de doador já morto deve ser inscrito em uma Central de Notificação, Captação e Distribuição de Órgãos (CNDO). O candidato a receber o órgão passa a integrar fila única nacional, coordenada pelo Sistema Nacional de Transplantes.

Para transplantes de órgãos provenientes de doadores vivos, não é utilizado o critério de fila única.

Todas as despesas decorrentes do transplante de órgãos são de responsabilidade da operadora, inclusive aquelas realizadas com os doadores vivos e do acompanhamento pós-operatório imediato e tardio, excetuando-se nesse caso os medicamentos de manutenção.

Urgência e Emergência

Qual a diferença entre urgência e emergência?

Tanto a urgência como a emergência são situações que implicam risco imediato de vida ou lesões irreparáveis em uma pessoa .

A diferença é que a urgência decorre de acidentes pessoais ou complicações da gestação, e a emergência é conseqüência das demais situações clínicas ou cirúrgicas.

Qual a cobertura dos planos para urgência e emergência?

A cobertura tem como objetivo principal garantir a preservação da vida, órgãos e funções, variando a partir daí, de acordo com o tipo de plano contratado pelo consumidor.

Planos de Assistência e Seguros de Saúde **139**

Plano Ambulatorial - Garante a cobertura de urgência e emergência, até que se caracterize a necessidade de internação, ou até que se completem 12 horas do início do atendimento. A partir deste momento, o consumidor passa a assumir as despesas do tratamento ou é transferido para hospital da rede pública, sendo as despesas referentes à remoção de responsabilidade da operadora.

Plano Hospitalar - Garante a cobertura aos atendimentos de urgência e emergência que evoluírem para internação, desde a admissão do paciente até a sua alta ou que sejam necessários à preservação da vida, órgãos e funções. A cobertura fica restrita às condições do plano ambulatorial quando o consumidor ainda estiver cumprindo os prazos de carência e quando os atendimentos de urgência/emergência se referirem ao processo de gestação.

Plano Hospitalar com Cobertura Obstétrica - Além da cobertura oferecida no Plano Hospitalar, a operadora também garante os atendimentos de urgência e emergência ao processo de gestação. Quando o consumidor ainda estiver cumprindo período de carência, o atendimento se dará nas mesmas condições previstas para o plano ambulatorial.

UTI
Pode haver limite de dias de internação em UTI?

Não, a Lei garante número ilimitado de diárias, sendo da responsabilidade do médico assistente do paciente determinar o tempo de permanência.

37 - A quem recorrer nas dúvidas e nas denúncias

O consumidor pode tirar suas dúvidas por meio do

Disque Saúde - telefone: 0800-611997.

Já as denúncias podem ser encaminhadas por carta

Ministério da Saúde
Departamento de Saúde Suplementar
Esplanada dos Ministérios
Bloco G sala 724 - CEP 70.058-900 - Brasília - DF

Ou via internet **e-mail: desas@saude.gov.br**

Os Núcleos de Saúde Suplementar nos Estados também recebem denúncias. Para saber o telefone e o endereço dos núcleos, o consumidor deve ligar para o Disque Saúde.

Os Procons também recebem denúncias e podem prestar informações sobre a nova Lei. Veja aqui o endereço e telefone do Procon em seu Estado:

Acre - Rua Benjamim Constant, 250, Centro - Rio Banco - CEP 69.900-160

Alagoas - Av. Assis Chateaubriand, 2.834, Ed. anexo da Secretaria da Justiça, Prado, Maceió - CEP 57.010-900 - telefone (082) 326-6640 r. 30/ 326-6845/6818/221-4878

Amazonas - Rua Afonso Pena, 08, Praça 14 de Janeiro, Manaus - CEP 69-020-030 - telefone (092) 233-3292/633-8122

Bahia - Rua Carlos Gomes, 746, Centro, Salvador - CEP 40.060.330 - telefone (071) 321-2439/4228/3381/243-6818

Ceará - Av. Heráclito Graça, 100, Centro, Fortaleza - CEP 60.140-061 - telefone (085) 252-1158/454-2025/254-2492

Planos de Assistência e Seguros de Saúde **141**

Distrito Federal - SEPN 507, Bloco D, Lote 04, W3 Norte, Sobreloja, Brasília - CEP 70.740-545 - telefone (061) 347-3851 (Dir.)/6824/8701/0272/274-3141

Espírito Santo - Praça Manoel Silvino Monjardim, 98 Ed. ADA, 3º andar, Centro, Vitória - CEP 29.010-520 - telefone (027) 223-5349/222-5111/1137

Goiás - Av. Tocantins, 107, Centro, Goiânia - CEP 74.015-010 - telefone (062) 225-5035/229-4542 (Dir.)/4519/224-3206

Maranhão - Rua Isaac Martins, 81, Centro, São Luiz - CEP 65.010-690 - telefone (098) 231-0770 (Dir.)/231-0021/1196

Mato Grosso - Rua Historiador Rubens de Mendonça, s/n, Centro da Cidadania, 7º andar, Cuiabá - CEP 78.045-100 - telefone (065) 322- 6843/624-3505/9100/322-9532/3133

Mato Grosso do Sul - Av. Noroeste, 5.128, Centro, Campo Grande - CEP 79.002-061 - telefone (067) 384-4323/724-4105/725-8465

Minas Gerais - Rua Guajajaras, 2.009, 5º andar, Barro Preto, Belo Horizonte - CEP 31.180-101 - telefone (031) 295-3366/4843

Pará - Rua 28 de Setembro, 339, Comércio, Belém - CEP 66.010-100 - telefone (091) 223-2613 (Dir.) /2597/5705/222-2511/3231

Paraíba - Rua Rodrigues de Aquino, 675, Centro, João Pessoa - CEP 58.040-340 - telefone (083) 241-6171/3465

Paraná - Rua Francisco Torres, 206, Centro, Curitiba - CEP 80.060-130 - telefone (041) 362-1512/1225/362-2290 r. 221

Pernambuco - Av. Conde da Boa Vista, 700, 1º andar, Ed. IOB, Bairro da Boa Vista, Recife - CEP 50.060-002 - telefone (081) 423-3504/7257/3159/6618

Rio de Janeiro - Rua Buenos Aires, 309, Centro, Rio de Janeiro - CEP 20.061-001 - telefone - (021) 232-6222 (Dir.)/5836/6222/6232/7600/507-7154

Rio Grande do Norte - Rua Tavares de Libra, 109, Palácio da Cidadania, Ribeira, Natal - CEP 59.012-050 - telefone (084) 212-2569/1218/1680

Rio Grande do Sul - Rua Carlos Chagas, 55, esquina com Júlio de Castilho, Térreo e Sobreloja, Porto Alegre - CEP 90.030-020 - telefone (051) 225-0247 /0307/0126/0688/0198

Rondônia - Av. Pinheiro Machado, 1313, Centro, Porto Velho - CEP 78.902-100 - telefone (069) 224-4738 (Geral)/5129

Roraima - Praça do Centro Cívico, s/n, Centro, Palácio da Justiça, 2º andar, Fórum Advogado Sobral Pinto - Boa Vista - CEP 69.301-380 - telefone (095) 623-1357 (Dir.)/1949

Santa Catarina - Rua Tenente Silveira, 162, Ed. das Diretorias, 7º andar, Florianópolis - CEP 88.010-300 - telefone (048) 216-1531/1517/1576/1501/1504/1527/1575

São Paulo - Rua Líbero Badaró, 119, 9º andar, Centro, São Paulo - CEP 01.009-000 - telefone (011) 1512

Sergipe - Av. Barão Maruim, 638, Centro, Aracaju - CEP 49.015- 140 - telefone (079) 224-4497/1171

Tocantins - ACNE 01, Conj 01 Lote 18, Centro, Palmas - CEP 77.054-970 - telefone (063) 215-2052/218-1840/1841

Anexo

Lei nº 9.656, de 3 de junho de 1998
(D.O.U. 04/06/98)

Dispõe sobre os planos e seguros privados de assistência à saúde.

Os artigos desta Lei estão de acordo com a Med. Prov. 1.801-9, de 28/01/99. Ela entrou em vigor 90 dias após a sua publicação, com exceção de alguns dispositivos cuja vigência se deu no dia 05/06/98 (arts. 3º, 5º, 25, 27, 35-A, 35-B, 35-C, 35-E, 35-F e 35-H). A data limite para as empresas se adaptarem ao que dispõem os arts. 14, 17, 30 e 31 é de 31/12/98.

A partir de 03/12/99 as operadoras deverão oferecer, obrigatoriamente, o plano ou seguro-referência a todos os seus atuais e futuros consumidores.

O Presidente da República. Faço saber que o Congresso Nacional decreta e eu sanciono a seguinte Lei:

Art. 1º - Submetem-se às disposições desta Lei as pessoas jurídicas de direito privado que operam planos ou seguros privados de assistência à saúde, sem prejuízo do cumprimento da legislação específica que rege a sua atividade.

§ 1º - Para os fins do disposto no *caput* deste artigo, consideram-se:

I - operadoras de planos privados de assistência à saúde: toda e qualquer pessoa jurídica de direito privado, independente da forma jurídica de sua constituição, que ofereça tais planos mediante contraprestações pecuniárias, com atendimento em serviços próprios ou de terceiros;

Planos de Assistência e Seguros de Saúde **145**

II - operadoras de seguros privados de assistência à saúde: as pessoas jurídicas constituídas e reguladas em conformidade com a legislação específica para a atividade de comercialização de seguros e que garantam a cobertura de riscos de assistência à saúde, mediante livre escolha pelo segurado do prestador do respectivo serviço e reembolso de despesas, exclusivamente.

§ 2º - Incluem-se na abrangência desta Lei as entidades ou empresas que mantêm sistemas de assistência à saúde pela modalidade de autogestão.

Veja Res. 5, de 03/11/98, que dispõe sobre a caracterização de Autogestão e dentro do segmento supletivo de assistência à saúde no Brasil.

Veja Res. 7, de 03/11/98, que dispõe sobre informações a serem disponibilizadas ao Ministério da Saúde por todas as operadoras, inclusive as de autogestão.

§ 3º - A assistência a que alude o *caput* deste artigo compreende todas as ações necessárias à prevenção da doença e à recuperação, à manutenção e à reabilitação da saúde, observados os termos desta Lei e do contrato firmado entre as partes.

§ 4º - As pessoas físicas ou jurídicas residentes ou domiciliadas no exterior podem constituir ou participar do capital, ou do aumento do capital, de pessoas jurídicas de direito privado constituídas sob as leis brasileiras para operar planos e seguros privados de assistência à saúde.

§ 5º - É vedada às pessoas físicas a operação de plano ou seguro privado de assistência à saúde.

Art. 2º - Para o cumprimento das obrigações constantes do contrato, as pessoas jurídicas de que trata esta Lei poderão:

I - nos planos privados de assistência à saúde, manter serviços próprios, contratar ou credenciar pessoas físicas ou jurídicas legalmente habilitadas e reembolsar o beneficiário das despesas decorrentes de eventos cobertos pelo plano;

II - nos seguros privados de assistência à saúde, reembolsar o segurado ou, ainda, pagar por ordem e conta deste, diretamente aos prestadores, livremente escolhidos pelo segurado, as despesas advindas de eventos cobertos, nos limites da apólice.

Parágrafo único. Nos seguros privados de assistência à saúde, e sem que isso implique o desvirtuamento do princípio da livre escolha dos segurados, as sociedades seguradoras podem apresentar relação de prestadores de serviços de assistência à saúde.

Art. 3º - Sem prejuízo das atribuições previstas na legislação vigente e observadas, no que couber, as disposições expressas nas Leis 8.078, de 11/09/90, e 8.080, de 19/09/90, compete ao Conselho Nacional de Seguros Privados - CNSP, dispor sobre: (NR)

A Med. Prov. 1.801-9/99, embora tenha dado nova redação ao caput, foi repetido o mesmo teor da redação original da Lei.

146 *Planos de Assistência e Seguros de Saúde*

I - a constituição, organização, funcionamento e fiscalização das operadoras de planos privados de assistência à saúde;

II - as condições técnicas aplicáveis às operadoras de planos privados de assistência à saúde, de acordo com as suas peculiaridades;

III - as características gerais dos instrumentos contratuais utilizados na atividade das operadoras de planos privados de assistência à saúde;

IV - as normas de contabilidade, atuariais e estatísticas, a serem observadas pelas operadoras de planos privados de assistência à saúde;

V - o capital e o patrimônio líquido das operadoras de planos privados de assistência à saúde, assim como a forma de sua subscrição e realização quando se tratar de sociedade anônima de capital;

VI - os limites técnicos das operações relacionadas com planos privados de assistência à saúde;

VII - os critérios de constituição de garantias de manutenção do equilíbrio econômico-financeiro, consistentes em bens, móveis ou imóveis, ou fundos especiais ou seguros garantidores, a serem observados pelas operadoras de planos privados de assistência à saúde;

VIII - a direção fiscal, a liquidação extrajudicial e os procedimentos de recuperação financeira.

IX - normas de aplicação de penalidades. (NR)

Inc. IX acrescentado pela Med. Prov. 1.801-9, de 28/01/99.

Parágrafo único. A regulamentação prevista neste artigo obedecerá às características específicas da operadora, mormente no que concerne à natureza jurídica de seus atos constitutivos. (NR)

A entrada em vigência do art. 3º dar-se-á no dia 05/06/98 (Med. Prov. 1.801-9/99, art. 3º).

Art. 4º - O art. 33 do Dec.-Lei 73, de 21/11/66, alterado pela Lei 8.127, de 20/12/90, passa a vigorar com a seguinte redação:

"Art. 33 - O Conselho Nacional de Seguros Privados - CNSP será integrado pelos seguintes membros:

I - Ministro de Estado da Fazenda, ou seu representante legal;

II - Ministro de Estado da Saúde, ou seu representante legal;

III - Ministro de Estado da Justiça, ou seu representante legal;

IV - Ministro de Estado da Previdência e Assistência Social, ou seu representante legal;

V - Presidente do Banco Central do Brasil, ou seu representante legal;

VI - Superintendente da Superintendência de Seguros Privados - SUSEP, ou seu representante legal;

VII - Presidente do Instituto de Resseguros do Brasil - IRB, ou seu representante legal.

Planos de Assistência e Seguros de Saúde **147**

§ 1º - O Conselho será presidido pelo Ministro de Estado da Fazenda e, na sua ausência, pelo Superintendente da SUSEP.

§ 2º - O CNSP terá seu funcionamento regulado em regimento interno."

Art. 5º - Compete à Superintendência de Seguros Privados - SUSEP, de acordo com as diretrizes e resoluções do CNSP, sem prejuízo das atribuições previstas na legislação em vigor:

I - autorizar o registro, os pedidos de funcionamento, cisão, fusão, incorporação, alteração ou transferência do controle societário das operadoras de planos privados de assistência à saúde;

Redação dada pela Med. Prov. 1.801-9, de 28/01/99.

II - fiscalizar as atividades das operadoras de planos privados de assistência à saúde e zelar pelo cumprimento das normas atinentes ao funcionamento dos planos privados de saúde;

III - aplicar as penalidades cabíveis às operadoras de planos privados de assistência à saúde previstas nesta Lei;

IV - estabelecer critérios gerais para o exercício de cargos diretivos das operadoras de planos privados de assistência à saúde, segundo normas definidas pelo CNSP;

V - proceder à liquidação das operadoras que tiverem cassada a autorização para funcionar no País;

VI - promover a alienação da carteira de planos ou seguros das operadoras.

VII - manter o registro provisório de que trata o art. 19 até que sejam expedidas as normas do CNSP.

Inc. VII acrescentado pela Med. Prov. 1.801-9, de 28/01/99.

§ 1º - *(Revogado pelo art. 7º da Med. Prov. 1.801-9, de 28/01/99).*

§ 2º - *(Revogado pelo art. 7º da Med. Prov. 1.801-9, de 28/01/99).*

A entrada em vigência do art. 5º dar-se-á no dia 05/06/98 (Med. Prov. 1.801-9/99, art. 3º).

Art. 6º - *(Revogado pelo art. 7º da Med. Prov. 1.801-9, de 28/01/99).*

Art. 7º - *(Revogado pelo art. 7º da Med. Prov. 1.801-9, de 28/01/99).*

Art. 8º - Para obter a autorização de funcionamento a que alude o inc. I do art. 5º, as operadoras de planos privados de assistência à saúde devem satisfazer as seguintes exigências:

I - registro nos Conselhos Regionais de Medicina e Odontologia, conforme o caso, em cumprimento ao disposto no art. 1º da Lei 6.839, de 30/10/80;

II - descrição pormenorizada dos serviços de saúde próprios oferecidos e daqueles a serem prestados por terceiros;

III - descrição de suas instalações e equipamentos destinados a prestação de serviços;

IV - especificação dos recursos humanos qualificados e habilitados, com responsabilidade técnica de acordo com as leis que regem a matéria;

148 *Planos de Assistência e Seguros de Saúde*

V - demonstração da capacidade de atendimento em razão dos serviços a serem prestados;

VI - demonstração da viabilidade econômico-financeira dos planos privados de assistência à saúde oferecidos, respeitadas as peculiaridades operacionais de cada uma das respectivas operadoras;

VII - especificação da área geográfica coberta pelo plano privado de assistência à saúde.

Parágrafo único. São dispensadas do cumprimento das condições estabelecidas:

I - nos incs. I, II, III e V do *caput*, as operadoras de seguros privados a que alude o inc. II do § 1º do art. 1º desta Lei; (NR)
Redação dada pela Med. Prov. 1.801-9, de 28/01/99.

II - nos incs. VI e VII do *caput,* as entidades ou empresas que mantêm sistemas de assistência privada à saúde na modalidade de autogestão, definidas no § 2º do art. 1º.

Veja Res. 5, de 03/11/98, que dispõe sobre a caracterização de Autogestão e dentro do segmento supletivo de assistência à saúde no Brasil.

Art. 9º - Após decorridos 120 dias de vigência desta Lei e até que sejam definidas as normas do CNSP, as empresas de que trata o art. 1º só poderão comercializar ou operar planos ou seguros de assistência à saúde se estiverem provisoriamente cadastrados na SUSEP e com seus produtos registrados no Ministério da Saúde, de acordo com o disposto no art. 19.

Redação dada ao caput pela Med. Prov. 1.801-9, de 28/01/99.

§ 1º - O descumprimento das formalidade previstas neste artigo não exclui a responsabilidade pelo cumprimento das disposições desta Lei e dos respectivos regulamentos.

Redação dada pela Med. Prov. 1.801-9, de 28/01/99.

§ 2º - A SUSEP, por iniciativa própria ou a requerimento do Ministério da Saúde, poderá solicitar informações, determinar alterações e promover a promoção do todo ou de parte das condições dos planos apresentados. (NR)

Redação dada pela Med. Prov. 1.801-9, de 28/01/99.

Veja Res. 4, de 03/11/98, que dispõe sobre as condições e prazos previstos para adaptações dos contratos em vigor à data de vigência da legislação específica.

Art. 10 - É instituído o plano ou seguro-referência de assistência à saúde, com cobertura assistencial médico-hospitalar-odontológica, compreendendo partos e tratamentos, realizados exclusivamente no Brasil, com padrão de enfermaria ou centro de terapia intensiva, ou similar, quando necessária a internação hospitalar, das doenças relacionadas na Classificação Estatística Internacional de Doenças e Problemas Relacionados com a Saúde, da Organização Mundial de Saúde, respeitadas as exigências mínimas estabelecidas no art. 12 desta Lei, exceto: (NR)

Planos de Assistência e Seguros de Saúde **149**

Redação dada ao caput *pela Med. Prov. 1.801-9, de 28/01/99.*
I - tratamento clínico ou cirúrgico experimental (NR)
Redação dada pela Med. Prov. 1.801-9, de 28/01/99.

II - procedimentos clínicos ou cirúrgicos para fins estéticos, bem como órteses e próteses para o mesmo fim;

III - inseminação artificial;

IV - tratamento de rejuvenescimento ou de emagrecimento com finalidade estética;

V - fornecimento de medicamentos importados não nacionalizados;

VI - fornecimento de medicamentos para tratamento domiciliar;

VII - fornecimento de próteses, órteses e seus acessórios não ligados ao ato cirúrgico; (NR)
Redação dada pela Med. Prov. 1.801-9, de 28/01/99.

VIII - *(Revogado pelo art. 7º da Med. Prov. 1.801-9, de 28/01/99).*

IX - tratamentos ilícitos ou antiéticos, assim definidos sob o aspecto médico, ou não reconhecidos pelas autoridades competentes;

X - casos de cataclismos, guerras e comoções internas, quando declarados pela autoridade competente.

§ 1º - As exceções constantes dos incs. I a X serão objeto de regulamentação pelo CONSU. (NR)
Redação dada pela Med. Prov. 1.801-9, de 28/01/99.

§ 2º - As operadoras definidas nos incs. I e II do § 1º do art. 1º oferecerão, obrigatoriamente, a partir de 03/12/99, o plano ou seguro-referência de que trata este artigo a todos os seus atuais e futuros consumidores.
Redação dada pela Med. Prov. 1.801-9, de 28/01/99.

§ 3º - Excluem-se da obrigatoriedade a que se refere o § 2º deste artigo as entidades ou empresas que mantêm sistemas de assistência à saúde pela modalidade de autogestão e as empresas que operem exclusivamente planos odontológicos. (NR)
Redação dada pela Med. Prov. 1.801-9, de 28/01/99.

§ 4º - A amplitude das coberturas, inclusive de transplantes e de procedimentos de alta complexidade, serão definidos por normas editadas pelo CONSU. (NR)
§ 4º acrescentado pela Med. Prov. 1.801-9, de 28/01/99.

Veja Res. 12, de 03/11/98, que dispõe sobre a cobertura de transplante e seus procedimentos por parte das operadoras de planos e seguros privados de assistência à saúde.

Veja Res. 11, de 03/11/98, que dispõe sobre a cobertura aos tratamentos de todos os transtornos psiquiátricos codificados na Classificação Estatística Internacional de Doenças e Problemas Relacionados à saúde.

Art. 11 - É vedada a exclusão de cobertura às doenças e lesões preexistentes à data de contratação dos planos ou seguros de que trata esta Lei após 24 meses de vigência do aludido instrumento contratual, cabendo à respectiva operadora o ônus da prova e da demonstração do conhecimento prévio do consumidor.

Parágrafo único - É vedada a suspensão da assistência à saúde do consumidor, titular ou dependente, até a prova de que trata o *caput*, na forma da regulamentação editada pelo CONSU. (NR)
Parágrafo único acrescentado pela Med. Prov. 1.801-9, de 28/01/99.
Veja Res. 12, de 03/11/98, que dispõe sobre a definição de cobertura às doenças e lesões preexistentes.
Veja Res. 14, de 03/11/98, que dispõe sobre a definição das modalidades de planos ou seguros sob o regime de contratação individual ou coletiva, e regulamenta a pertinência das coberturas às doenças e lesões preexistentes e a exigibilidade dos prazos de carência nessas modalidades.

Art. 12 - São facultadas a oferta, a contratação e a vigência de planos ou seguros privados de assistência à saúde, nas segmentações previstas nos incs. de I a IV deste artigo, respeitadas as respectivas amplitudes de cobertura definidas no plano ou seguro-referência de que trata o art. 10, segundo as seguintes exigências mínimas: (NR)
Redação dada ao caput pela Med. Prov. 1.801-9, de 28/01/99.
Veja Res. 4, de 03/11/98, que dispõe sobre as condições e prazos previstos para adaptações nos contratos em vigor à data de vigência da legislação específica.

I - quando incluir atendimento ambulatorial:

a) cobertura de consultas médicas, em número ilimitado, em clínicas básicas e especializadas, reconhecidas pelo Conselho Federal de Medicina;

b) cobertura de serviços de apoio diagnóstico, tratamentos e demais procedimentos ambulatoriais, solicitados pelo médico assistente; (NR)
Redação dada pela Med. Prov. 1.801-9, de 28/01/99.

II - quando incluir internação hospitalar:

a) cobertura de internações hospitalares, vedada a limitação de prazo, valor máximo e quantidade, em clínicas básicas e especializadas, reconhecidas pelo Conselho Federal de Medicina, admitindo-se a exclusão dos procedimentos obstétricos; (NR)
Redação dada pela Med. Prov. 1.801-9, de 28/01/99.

b) cobertura de internações hospitalares em centro de terapia intensiva, ou similar, vedada a limitação de prazo, valor máximo e quantidade, a critério do médico assistente; (NR)
Redação dada pela Med. Prov. 1.801-9, de 28/01/99.

c) cobertura de despesas referentes a honorários médicos, serviços gerais de enfermagem e alimentação;

d) cobertura de exames complementares indispensáveis para o controle da evolução da doença e elucidação diagnóstica, fornecimento de medicamentos, anestésicos, gases medicinais, transfusões e sessões de quimioterapia e radioterapia, conforme prescrição do

Planos de Assistência e Seguros de Saúde **151**

médico assistente, realizados ou ministrados durante o período de internação hospitalar; (NR)
Redação dada pela Med. Prov. 1.801-9, de 28/01/99.
    e) cobertura de toda e qualquer taxa, incluindo materiais utilizados, assim como da remoção do paciente, comprovadamente necessária, para outro estabelecimento hospitalar, em território brasileiro, dentro dos limites de abrangência geográfica previstos no contrato; (NR)
Redação dada pela Med. Prov. 1.801-9, de 28/01/99.
    f) cobertura de despesas de acompanhante, no caso de pacientes menores de 18 anos;
    III - quando incluir atendimento obstétrico:
    a) cobertura assistencial ao recém-nascido, filho natural ou adotivo do consumidor, ou de seu dependente, durante os primeiros trinta dias após o parto;
    b) inscrição assegurada ao recém-nascido, filho natural ou adotivo do consumidor, no plano ou seguro como dependente, isento do cumprimento dos períodos de carência, desde que a inscrição ocorra no prazo máximo de trinta dias do nascimento;
    IV - quando incluir atendimento odontológico:
    a) cobertura de consultas e exames auxiliares ou complementares, solicitados pelo odontólogo assistente;
    b) cobertura de procedimentos preventivos, de dentística e endodontia;
    c) cobertura de cirurgias orais menores, assim consideradas as realizadas em ambiente ambulatorial e sem anestesia geral;
    V - quando fixar períodos de carência:
    a) prazo máximo de 300 dias para partos a termo;
    b) prazo máximo de 180 dias para os demais casos;
    c) prazo máximo de 24 horas para cobertura dos casos de urgência e emergência; (NR)
Alínea "c" acrescentada pela Med. Prov. 1.801-9, de 28/01/99.
Veja Res. 14, de 03/11/98, que dispõe sobre a definição da modalidade de planos ou seguros sob o regime de contratação individual ou coletiva, e regulamenta a pertinência das coberturas às doenças ou lesões preexistentes e a exigibilidade dos prazos de carência nessas modalidades.
    VI - reembolso, em todos os tipos de plano ou seguro, nos limites das obrigações contratuais, das despesas efetuadas pelo beneficiário, titular ou dependente, com assistência à saúde, em casos de urgência ou emergência, quando não for possível a utilização de serviços próprios, contratados ou credenciados pelas operadoras definidas no art. 1º, de acordo com a relação de preços de serviços médicos e hospitalares praticados pelo respectivo plano ou seguro, pagáveis no prazo máximo de 30 dias após a entrega à operadora da documentação adequada; (NR)

Redação dada pela Med. Prov. 1.801-9, de 28/01/99.

VII - inscrição de filho adotivo, menor de doze anos de idade, aproveitando os períodos de carência já cumpridos pelo consumidor adotante.

§ 1º - Após 120 dias da vigência desta Lei, fica proibido o oferecimento de planos ou seguros de saúde fora das segmentações de que trata este artigo, observadas suas respectivas condições de abrangência e contratação. (NR)

§ 2º - A partir de 03/12/99, da documentação relativa à contratação de planos e seguros de assistência à saúde, nas segmentações de que trata este artigo, deverá constar declaração em separado do consumidor contratante, de que tem conhecimento da existência e disponibilidade do plano ou seguro-referência, e de que este lhe foi oferecido. (NR)

Redação dada pela Med. Prov. 1.801-9, de 28/01/99.

Art. 13 - Os contratos de planos e seguros privados de assistência à saúde têm renovação automática a partir do vencimento do prazo inicial de vigência, não cabendo a cobrança de taxas ou qualquer outro valor no ato da renovação.

Parágrafo único - Os planos ou seguros contratados individualmente terão vigência mínima de um ano, sendo vedadas: (NR)

I - a recontagem de carências; (NR)

II - a suspensão do contrato e a denúncia unilateral, salvo por fraude ou não pagamento da mensalidade por período superior a 60 dias, consecutivos ou não, nos últimos 12 meses de vigência do contrato, desde que o consumidor seja comprovadamente notificado até o qüinquagésimo dia de inadimplência; (NR)

III - a suspensão e a denúncia unilateral, em qualquer hipótese, durante a ocorrência de internação do titular. (NR)

Parágrafo único com redação dada pela Med. Prov. 1.801-9, de 28/01/99.

Veja Res. 14, de 03/11/98, que dispõe sobre a definição das modalidades de planos ou seguros sob o regime de contratação individual ou coletiva, e regulamenta a pertinência das coberturas às doenças e lesões preexistentes e a exigibilidade dos prazos de carência nessas modalidades.

Art. 14 - Em razão da idade do consumidor, ou da condição de pessoa portadora de deficiência, ninguém pode ser impedido de participar de planos ou seguros privados de assistência à saúde.

Art. 15 - A variação das contraprestações pecuniárias estabelecidas nos contratos de planos e seguros de que trata esta Lei em razão da idade do consumidor, somente poderá ocorrer caso estejam previstas no contrato inicial as faixas etárias e os percentuais de reajustes incidentes em cada uma delas, conforme normas expedidas pelo CNSP, a partir de critérios e parâmetros gerais fixados pelo CONSU. (NR)

Planos de Assistência e Seguros de Saúde **153**

Redação dada ao caput *pela Med. Prov. 1.801-9, de 28/01/99.*
Parágrafo único. É vedada a variação a que alude o *caput* para consumidores com mais de 60 anos de idade, se já participarem do mesmo plano ou seguro, ou sucessor, há mais de dez anos.
Veja Res. 6, de 03/11/98, que dispõe sobre critérios e parâmetros de variação das faixas etárias dos consumidores para efeito de cobrança diferenciada, bem como de limite máximo de variação de valores entre as faixas etárias definidas para planos e seguros de assistência à saúde.
Art. 16 - Dos contratos, regulamentos ou condições gerais dos planos e seguros tratados nesta Lei devem constar dispositivos que indiquem com clareza:
Veja Res. 14, de 03/11/98, que dispõe sobre a definição das modalidades de planos ou seguros sob o regime de contratação individual ou coletiva, e regulamenta a pertinência das coberturas às doenças e lesões preexistentes e a exigibilidade dos prazos de carência nessas modalidades.
I - as condições de admissão;
II - o início da vigência;
III - os períodos de carência para consultas, internações, procedimentos e exames;
IV - as faixas etárias e os percentuais a que alude o *caput* do art. 15;
V - as condições de perda da qualidade de beneficiário ou segurado;
VI - os eventos cobertos e excluídos;
VII - as modalidades do plano ou seguro:
a) individual;
b) familiar; ou
c) coletivo;
VIII - a franquia, os limites financeiros ou o percentual de co-participação do consumidor, contratualmente previstos nas despesas com assistência médica, hospitalar e odontológica;
IX - os bônus, os descontos ou os agravamentos da contraprestação pecuniária;
X - a área geográfica de abrangência do plano ou seguro;
XI - os critérios de reajuste e revisão das contraprestações pecuniárias;
XII - o número do certificado de registro da operadora, emitido pela SUSEP.
Inc. XII acrescentado pela Med. Prov. 1.801-9, de 28/01/99.
§ 1º - A todo consumidor titular de plano individual ou familiar será obrigatoriamente entregue, quando de sua inscrição, cópia do contrato, do regulamento ou das condições gerais do plano ou seguro privado de assistência à saúde, além de material explicativo que descreva, em linguagem simples e precisa, todas as suas características, direitos e obrigações.

Veja Res. 3, de 03/11/98, que dispõe sobre a fiscalização da atuação das operadoras de planos e seguros privados de assistência à saúde.

§ 2º - *(Revogado pelo art. 7º da Med. Prov. 1.801-9, de 28/01/99).*

Art. 17 - A inclusão como contratados, referenciados ou credenciados dos planos e seguros privados de assistência à saúde, de qualquer entidade hospitalar, implica compromisso para com os consumidores quanto à sua manutenção ao longo da vigência dos contratos. (NR)

Redação dada ao caput *pela Med. Prov. 1.801-9, de 28/01/99.*

Veja Res. 8, de 03/11/98, que dispõe sobre mecanismos de regulação nos planos e seguros privados de assistência à saúde.

§ 1º - É facultada a substituição do prestador hospitalar a que se refere o *caput* deste artigo, desde que por outro equivalente e mediante comunicação aos consumidores e ao Ministério da Saúde com 30 dias de antecedência, ressalvados desse prazo mínimo os casos decorrentes de rescisão por fraude ou infração das normas sanitárias e fiscais em vigor. (NR)

Redação dada pela Med. Prov. 1.801-9, de 28/01/99.

§ 2º - Na hipótese de a substituição do estabelecimento hospitalar, a que se refere o parágrafo anterior, ocorrer por vontade da operadora durante internação do consumidor, o estabelecimento obriga-se a manter a internação e a operadora, a pagar as despesas até a alta hospitalar, a critério médico, na forma do contrato. (NR)

Redação dada pela Med. Prov. 1.801-9, de 28/01/99.

§ 3º - Excetuam-se do previsto no parágrafo anterior os casos de substituição do estabelecimento hospitalar por infração às normas sanitárias em vigor durante período de internação, quando a operadora arcará com a responsabilidade pela transferência imediata para outro estabelecimento equivalente, garantindo a continuação da assistência, sem ônus adicional para o consumidor. (NR)

§ 3º acrescentado pela Med. Prov. 1.801-9, de 28/01/99.

§ 4º - Em caso de redimensionamento da rede hospitalar por redução, as empresas deverão solicitar ao Ministério da Saúde autorização expressa para tal, informando:

I - nome da entidade a ser excluída;

II - capacidade operacional a ser reduzida com a exclusão;

III - impacto sobre a massa assistida, a partir de parâmetros universalmente aceitos, correlacionando a necessidade de leitos e a capacidade operacional restante;

IV - justificativa para decisão, observando a obrigatoriedade de manter cobertura com padrões de qualidade equivalente e sem ônus adicional para o consumidor. (NR)

§ 4º acrescentado pela Med. Prov. 1.801-9, de 28/01/99.

Art. 18 - A aceitação, por parte de qualquer prestador de serviço ou profissional de saúde, da condição de contratado ou

Planos de Assistência e Seguros de Saúde **155**

credenciado de uma operadora de planos ou seguros privados de assistência à saúde, impõe-lhe as seguintes obrigações e direitos:

Veja Res. 8, de 03/11/98, que dispõe sobre mecanismos de regulação nos planos e seguros privados de assistência à saúde.

I - o consumidor de determinada operadora, em nenhuma hipótese e sob nenhum pretexto ou alegação, pode ser discriminado ou atendido de forma distinta daquela dispensada aos clientes vinculados a outra operadora ou plano;

II - a marcação de consultas, exames e quaisquer outros procedimentos deve ser feita de forma a atender às necessidades dos consumidores, privilegiando os casos de emergência ou urgência, assim como as pessoas com mais de 65 anos de idade, as gestantes, lactantes, lactentes e crianças até 5 anos;

III - a manutenção de relacionamento de contratação ou credenciamento com número ilimitado de operadoras de planos ou seguros privados de assistência à saúde, sendo expressamente vedado às operadoras impor contratos de exclusividade ou de restrição à atividade profissional. (NR)

Redação dada pela Med. Prov. 1.801-9, de 28/01/99.

Parágrafo único - A partir de 03/12/99, os prestadores de serviço ou profissionais de saúde não poderão manter contrato ou credenciamento com operadoras de planos ou seguros de saúde que não tiverem registros para funcionamento e comercialização conforme previsto nesta Lei, sob pena de responsabilidade por atividade irregular. (NR)

Parágrafo único acrescentado pela Med. Prov. 1.801-9, de 28/01/99.

Art. 19 - Para cumprimento das normas de que trata o art. 3º, as pessoas jurídicas que já atuavam como operadoras de planos ou seguros privados de assistência à saúde terão prazo de 180 dias, a partir da publicação da regulamentação do CNSP, para requerer a sua autorização definitiva de funcionamento.

§ 1º - Até que sejam expedidas as normas do CNSP, serão mantidos registros provisórios das empresas na SUSEP e registros provisórios dos produtos na Secretaria de Assistência à Saúde do Ministério da Saúde, com a finalidade de autorizar a comercialização de planos e seguros a partir de 02/01/99.

§ 2º - Para o registro provisório da empresa, as operadoras de planos ou seguros deverão apresentar à SUSEP os seguintes documentos:

I - registro do documento de constituição da empresa;

II - nome fantasia;

III - CGC;

IV - endereço;

V - telefone, fax e "e-mail";

VI - principais dirigentes da empresa e nome dos cargos que ocupam.

§ 3º - Para registro provisório dos produtos a serem comercializados, deverão ser apresentados ao Ministério da Saúde, para cada plano ou seguro, os seguintes dados:
I - razão social da operadora;
II - CGC da operadora;
III - nome do produto (plano ou seguro saúde);
IV - segmentação da assistência (ambulatorial, hospitalar com obstetrícia, hospitalar sem obstetrícia, odontológica, referência);
V - tipo de contratação (individual/familiar; coletivo empresarial e coletivo por adesão);
VI - âmbito geográfico de cobertura;
VII - faixas etárias e respectivos preços;
VII - rede hospitalar própria por município (para segmentações hospitalar e referência);
IX - rede hospitalar contratada por município (para segmentações hospitalar e referência).

§ 4º - Os procedimentos administrativos para registro provisório dos produtos serão tratados em norma específica do Ministério da Saúde.

§ 5º - Independentemente do cumprimento, por parte da operadora, das formalidades de cadastramento e registros provisórios, ou da conformidade dos textos das condições gerais ou dos instrumentos contratuais, ficam garantidos, a todos os usuários de planos ou seguros contratados a partir de 02/01/99, todos os benefícios de acesso e cobertura previstos nesta Lei e em seus regulamentos para cada segmentação definida no art. 12.

§ 6º - O não-cumprimento do disposto neste artigo implica o pagamento de multa diária no valor de R$ 10.000,00 aplicada pela SUSEP às operadoras de planos e seguros de que trata esta Lei.

§ 7º - Estarão igualmente sujeitas ao cadastro provisório e registro provisório de produtos, as pessoas jurídicas que forem iniciar operação de planos com seguros de saúde a partir de 08/12/98. (NR)

Redação dada ao art. 19 e §§ pela Med. Prov. 1.801-9, de 28/01/99.

Art. 20 - As operadoras de planos ou seguros de que trata esta Lei são obrigadas a fornecer periodicamente ao Ministério da Saúde e à SUSEP informações e estatísticas, incluídas as de natureza cadastral, que permitam a identificação de seus consumidores, e de seus dependentes, consistentes de seus nomes, inscrições no Cadastro de Pessoas Físicas dos titulares e Municípios onde residem, para fins do disposto no art. 32.

§ 1º - Os servidores da SUSEP, no exercício de suas atividades, têm livre acesso às operadoras de planos privados de assistência à saúde, podendo requisitar e apreender livros, notas técnicas, processos e documentos, caracterizando-se como embaraço à fiscalização,

Planos de Assistência e Seguros de Saúde **157**

sujeito às penas previstas na lei, qualquer dificuldade oposta à consecução desse objetivo.

§ 2º - Os servidores do Ministério da Saúde, especialmente designados pelo titular desse órgão para o exercício das atividades de fiscalização, na área de sua competência, têm livre acesso às operadoras de planos e seguros privados de assistência à saúde, podendo requisitar e apreender processos, contratos com prestadores de serviço, manuais de rotina operacional e demais documentos, caracterizando-se como embaraço à fiscalização, sujeito às penas previstas na lei, qualquer dificuldade oposta à consecução desse objetivo. (NR)

Redação dada aos §§ 1º e 2º pela Med. Prov. 1.801-9, de 28/01/99.

Veja Res. 3, de 03/11/98, que dispõe sobre a fiscalização da atuação das operadoras de planos e seguros privados de assistência à saúde.

Veja Res. 7, de 03/11/98, que dispõe sobre informações a serem disponibilizadas ao Ministério da Saúde por todas as operadoras, inclusive as de autogestão.

Art. 21 - É vedado às operadoras de planos privados de assistência à saúde realizar quaisquer operações financeiras:

I - com seus diretores e membros dos conselhos administrativos, consultivos, fiscais ou assemelhados, bem como com os respectivos cônjuges e parentes até o segundo grau, inclusive;

II - com empresa de que participem as pessoas a que se refere o inciso anterior, desde que estas sejam, em conjunto ou isoladamente, consideradas como controladora da empresa.

Art. 22 - As operadoras de planos privados de assistência à saúde submeterão suas contas a auditores independentes, registrados no respectivo Conselho Regional de Contabilidade e na Comissão de Valores Mobiliários - CVM, publicando, anualmente, o parecer respectivo, juntamente com as demonstrações financeiras determinadas pela Lei 6.404, de 15/12/76.

Parágrafo único. A auditoria independente também poderá ser exigida quanto aos cálculos atuariais, elaborados segundo normas definidas pelo CNSP.

Art. 23 - As operadoras de planos privados de assistência à saúde não podem requerer concordata e não estão sujeitas a falência, mas tão-somente ao regime de liquidação extrajudicial, previsto no Dec.-lei 73, de 21/11/66.

Art. 24 - Sempre que ocorrer insuficiência nas garantias a que alude o inc. VII do art. 3º, ou anormalidades econômico-financeiras ou administrativas graves, em qualquer operadora de planos privados de assistência à saúde, a SUSEP poderá nomear, por prazo não superior a 180 dias, um diretor-fiscal com as atribuições que serão fixadas de acordo com as normas baixadas pelo CNSP.

158 *Planos de Assistência e Seguros de Saúde*

§ 1º - O descumprimento das determinações do diretor-fiscal por administradores, conselheiros ou empregados da operadora de planos privados de assistência à saúde acarretará o imediato afastamento do infrator, sem prejuízo das sanções penais cabíveis, assegurado o direito ao contraditório, sem efeito suspensivo, para o CNSP.

§ 2º - Os administradores da operadora que se encontrar em regime de direção fiscal serão suspensos do exercício de suas funções a partir do momento em que for instaurado processo-crime por atos ou fatos relativos à respectiva gestão, perdendo imediatamente o cargo na hipótese de condenação judicial transitada em julgado.

§ 3º - No prazo que lhe for designado, o diretor-fiscal procederá à análise da organização administrativa e da situação econômico-financeira da operadora e proporá à SUSEP as medidas cabíveis conforme previsto nesta Lei.

§ 4º - O diretor-fiscal poderá propor a transformação do regime de direção em liquidação extrajudicial.

§ 5º - No caso de não surtirem efeitos as medidas especiais para recuperação econômico-financeira, a SUSEP promoverá, no prazo máximo de 90 dias, a alienação por leilão da carteira das operadoras de planos e seguros privados de assistência à saúde.

Art. 25 - As infrações dos dispositivos desta Lei sujeitam a operadora de planos ou seguros privados de assistência à saúde, seus administradores, membros de conselhos administrativos, deliberativos, consultivos, fiscais e assemelhados às seguintes penalidades, sem prejuízo de outras estabelecidas na legislação vigente:

I - advertência;

II - multa pecuniária;

III - suspensão do exercício do cargo;

IV - inabilitação temporária para exercício de cargos em operadoras de planos ou seguros de assistência à saúde;

V - inabilitação permanente para exercício de cargos de direção ou em conselhos das operadoras a que se refere esta Lei, bem como em entidades de previdência privada, sociedades seguradoras, corretoras de seguros e instituições financeiras.

VI - cancelamento, providenciado pela SUSEP, da autorização de funcionamento e alienação da carteira da operadora mediante leilão. (NR)

Inc. VI acrescentado pela Med. Prov. 1.801-9, de 28/01/99.

A entrada em vigência do art. 25 dar-se-á no dia 05/06/98 (Med. Prov. 1.801-9/99, art. 3º).

Veja Res. 3, de 03/11/98, que dispõe sobre a fiscalização da atuação das operadoras de planos e seguros privados de assistência à saúde.

Art. 26 - Os administradores e membros dos conselhos administrativos, deliberativos, consultivos, fiscais e assemelhados das operadoras de que trata esta Lei respondem solidariamente pelos

Planos de Assistência e Seguros de Saúde **159**

prejuízos causados a terceiros, inclusive aos acionistas, cotistas, cooperados e consumidores, conforme o caso, em conseqüência do descumprimento de leis, normas e instruções referentes às operações previstas na legislação e, em especial, pela falta de constituição e cobertura das garantias obrigatórias referidas no inc. VII do art. 3º.

Art. 27 - As multas fixadas pelo CNSP, no âmbito de suas atribuições e em função da gravidade da infração, serão aplicadas pela SUSEP, até o limite de R$ 50.000,00 (cinqüenta mil reais), ressalvado o disposto no § 6º do art. 19 desta Lei. (NR)

Parágrafo único. As multas de que tratam o *caput* constituir-se-ão em receitas da SUSEP. (NR)

Redação dada ao caput e parágrafo único pela Med. Prov. 1.801-9, de 28/01/99.

A entrada em vigência do art. 27 dar-se-á no dia 05/06/98 (Med. Prov. 1.801-9/99, art. 3º).

Art. 28 - Das decisões da SUSEP caberá recurso ao CNSP, no prazo de 15 dias, contado a partir do recebimento da intimação.

Art. 29 - As infrações serão apuradas mediante processo administrativo que tenha por base o auto de infração, a representação ou a denúncia positiva dos fatos irregulares, cabendo ao CNSP e ao CONSU, observadas suas respectivas atribuições, dispor sobre normas para instauração, recursos e seus efeitos, instâncias, prazos, perempção e outros atos processuais, assegurando-se à parte contrária amplo direito de defesa e o contraditório. (NR)

Redação dada pela Med. Prov. 1.801-9, de 28/01/99.

Art. 30 - Ao consumidor que contribuir para plano ou seguro privado coletivo de assistência à saúde, decorrente de vínculo empregatício, no caso de rescisão ou exoneração do contrato de trabalho sem justa causa, é assegurado o direito de manter sua condição de beneficiário, nas mesmas condições de que gozava quando da vigência do contrato de trabalho, desde que assuma também o pagamento da parcela anteriormente de responsabilidade patronal.

§ 1º - O período de manutenção da condição de beneficiário a que se refere o *caput* será de um terço do tempo de permanência no plano ou seguro, ou sucessor, com um mínimo assegurado de 6 meses e um máximo de 24 meses.

§ 2º - A manutenção de que trata este artigo é extensiva, obrigatoriamente, a todo o grupo familiar inscrito quando da vigência do contrato de trabalho.

§ 3º - Em caso de morte do titular, o direito de permanência é assegurado aos dependentes cobertos pelo plano ou seguro privado coletivo de assistência à saúde, nos termos do disposto neste artigo.

§ 4º - O direito assegurado neste artigo não exclui vantagens obtidas pelos empregados decorrentes de negociações coletivas de trabalho.

§ 5º - A condição prevista no *caput* deste artigo deixará de existir quando da admissão do consumidor titular em novo emprego. (NR)
§ 5º acrescentado pela Med. Prov. 1.801-9, de 28/01/99.

§ 6º - Nos planos coletivos custeados integralmente pela empresa, não é considerado contribuição a co-participação do consumidor, única e exclusivamente em procedimentos, como fator de moderação, na utilização dos serviços de assistência médica e/ou hospitalar. (NR)
§ 6º acrescentado pela Med. Prov. 1.801-9, de 28/01/99.

Art. 31 - Ao aposentado que contribuir para plano ou seguro coletivo de assistência à saúde, decorrente de vínculo empregatício, pelo prazo mínimo de 10 anos, é assegurado o direito de manutenção como beneficiário, nas mesmas condições de cobertura assistencial de que gozava quando da vigência do contrato de trabalho, desde que assuma o pagamento integral do mesmo. (NR)
Redação dada ao caput *pela Med. Prov. 1.801-9, de 28/01/99.*

§ 1º - Ao aposentado que contribuir para plano ou seguro coletivos de assistência à saúde por período inferior ao estabelecido no *caput* é assegurado o direito de manutenção como beneficiário, à razão de um ano para cada ano de contribuição, desde que assuma o pagamento integral do mesmo.

§ 2º - *(Revogado pelo art. 7º da Med. Prov. 1.801-9, de 28/01/99).*

§ 3º - Para gozo do direito assegurado neste artigo, observar-se-ão as mesmas condições estabelecidas nos §§ 2º, 3º, 4º, 5º e 6º do artigo anterior. (NR)
Redação dada pela Med. Prov. 1.801-9, de 28/01/99.

Art. 32 - Serão ressarcidos pelas operadoras, as quais alude o art. 1º de acordo com normas a serem definidas pelo CONSU, os serviços de atendimento à saúde previstos nos respectivos contratos, prestados a seus consumidores e respectivos dependentes, em instituições públicas ou privadas, conveniadas ou contratadas, integrantes do Sistema Único de Saúde - SUS. (NR)
Redação dada pela Med. Prov. 1.801-9, de 28/01/99.

Veja Res. 9, de 03/11/98, que dispõe sobre o ressarcimento dos serviços de atendimento à saúde prestados a usuários de plano ou seguro de saúde por instituições públicas ou privadas, conveniadas ou contratadas, integrantes do Sistema Único de Saúde – SUS.

§ 1º - O ressarcimento a que se refere o *caput* será efetuado pelas operadoras diretamente à entidade prestadora de serviços, quando esta possuir personalidade jurídica própria, e ao Sistema Único de Saúde - SUS, nos demais casos, mediante tabela de procedimentos a ser aprovada pelo CONSU. (NR)
Redação dada pela Med. Prov. 1.801-9, de 28/01/99.

§ 2º - Para a efetivação do ressarcimento, os gestores do SUS disponibilizarão às operadoras a discriminação dos procedimentos realizados para cada consumidor.

Planos de Assistência e Seguros de Saúde **161**

Redação dada pela Med. Prov. 1.801-9, de 28/01/99.

§ 3º - A operadora efetuará o ressarcimento até o trigésimo dia após a apresentação da fatura, creditando os valores correspondentes à entidade prestadora ou ao respectivo Fundo de Saúde, conforme o caso. (NR)

Redação dada pela Med. Prov. 1.801-9, de 28/01/99.

§ 4º - O CONSU fixará normas aplicáveis ao processo de glosa ou impugnação dos procedimentos encaminhados, conforme previsto no § 2º deste artigo. (NR)

Redação dada pela Med. Prov. 1.801-9, de 28/01/99.

§ 5º - Os valores a serem ressarcidos não serão inferiores aos praticados pelo SUS e nem superiores aos praticados pelos planos e seguros. (NR)

§ 5º acrescentado pela Med. Prov. 1.801-9, de 28/01/99.

Os transplantes de rim ou córnea ou procedimentos vinculados, quando realizados por instituições integrantes do Sistema Único de Saúde – SUS, deverão ser ressarcidos em conformidade com este art. 32 e na Res. 12/98.

Art. 33 - Havendo indisponibilidade de leito hospitalar nos estabelecimentos próprios ou credenciados pelo plano, é garantido ao consumidor o acesso à acomodação, em nível superior, sem ônus adicional.

Art. 34 - As entidades que executam outras atividades além das abrangidas por esta Lei podem constituir pessoas jurídicas independentes, com ou sem fins lucrativos, especificamente para operar planos de assistência à saúde, na forma da legislação em vigor e em especial desta Lei e de seus regulamentos.

Art. 35 - Aplicam-se as disposições desta Lei a todos os contratos celebrados a partir de sua vigência, assegurada ao consumidor com contrato já em curso a possibilidade de optar pela adaptação ao sistema previsto nesta Lei, observado o prazo estabelecido no § 1º. (NR)

Redação dada ao caput pela Med. Prov. 1.801-9, de 28/01/99.

§ 1º - A adaptação aos termos desta legislação de todos os contratos celebrados anteriormente à vigência desta Lei, bem como daqueles celebrados entre 2 de setembro e 30 de dezembro de 1998, dar-se-á no prazo máximo de 15 meses a partir da data da vigência desta Lei, sem prejuízo do disposto no art. 35-H. (NR)

Redação dada pela Med. Prov. 1.801-9, de 28/01/99.

O prazo para a adaptação dos contratos celebrados anteriormente à vigência da Lei 9.656/98, previsto neste § 1º, deverá ser o do vencimento da periodicidade do contrato quando de sua assinatura (Res. 4/98).

§ 2º - A adaptação dos contratos não implica nova contagem dos períodos de carência, e dos prazos de aquisição dos benefícios

162 *Planos de Assistência e Seguros de Saúde*

previstos nos arts. 30 e 31 desta Lei, observados os limites de cobertura previstos no contrato original. (NR)
Redação dada pela Med. Prov. 1.801-9, de 28/01/99.

Art. 35-A - Fica criado o Conselho de Saúde Suplementar - CONSU, órgão colegiado integrante da estrutura regimental do Ministério da Saúde, com competência para deliberar sobre questões relacionadas à prestação de serviços de saúde suplementar nos seus aspectos médico, sanitário e epidemiológico e, em especial:

I - regulamentar as atividades das operadoras de planos e seguros privados de assistência à saúde no que concerne aos conteúdos e modelos assistenciais, adequação e utilização de tecnologias em saúde;

II - elaborar o rol de procedimentos e eventos em saúde, que constituirão referência básica para os fins do disposto nesta Lei;

Veja Res. 10, de 03/11/98, que dispõe sobre a elaboração do rol de procedimentos e eventos em saúde que constituirão referência básica e fixa as diretrizes para a cobertura assistencial.

III - fixar as diretrizes para a cobertura assistencial;

Veja Res. 12, de 03/11/98, que dispõe sobre a cobertura de transplante e seus procedimentos por parte das operadoras de planos e seguros privados de assistência à saúde.

IV - fixar critérios para os procedimentos de credenciamento e descredenciamento de prestadores de serviço às operadoras;

V- estabelecer parâmetros e indicadores de qualidade e de cobertura em assistência à saúde para os serviços próprios e de terceiros oferecidos pelas operadoras;

VI - fixar, no âmbito de sua competência, as normas de fiscalização, controle e aplicação de penalidades previstas nesta Lei;

VII - estabelecer normas para intervenção técnica nas operadoras;

VIII - estabelecer as condições mínimas, de caráter técnico-operacional dos serviços de assistência à saúde;

IX - estabelecer normas para ressarcimento ao Sistema Único de Saúde;

X- estabelecer normas relativas à adoção e utilização, pelas empresas de assistência médica suplementar, de mecanismos de regulação do uso dos serviços de saúde;

XI- deliberar sobre a criação de câmaras técnicas, de caráter consultivo, de forma a subsidiar suas decisões;

XII - normatizar os conceitos de doença e lesão preexistente;

Veja Res. 2, de 03/11/98, que dispõe sobre a definição de cobertura às doenças e lesões preexistentes.

XIII - qualificar, para fins de aplicação desta Lei, as operadoras de planos privados de saúde;

XIV - outras questões relativas à saúde suplementar.

Planos de Assistência e Seguros de Saúde **163**

Veja Res. 12, de 03/11/98, que dispõe sobre a cobertura de transplante e seus procedimentos por parte das operadoras de planos e seguros privados de assistência à saúde.

§ 1º - O CONSU terá o seu funcionamento regulado em regimento interno.

§ 2º - A regulamentação prevista neste artigo obedecerá às características específicas da operadora, mormente no que concerne à natureza jurídica de seus atos constitutivos. (NR)

Artigo 35-A acrescentado pela Med. Prov. 1.801-9, de 28/01/99.

A entrada em vigência do art. 35-A dar-se-á no dia 05/06/98 (Med. Prov. 1.801-9, de 28/01/99, art. 3º).

Art. 35-B - O CONSU será integrado pelos seguintes membros ou seus representantes:

I - Ministro de Estado da Saúde;

II - Ministro de Estado da Fazenda;

III - Ministro de Estado da Justiça;

IV - Superintendente da SUSEP;

V - do Ministério da Saúde:

a) Secretário de Assistência à Saúde;

b) Secretário de Políticas de Saúde.

§ 1º- O CONSU será presidido pelo Ministro de Estado da Saúde e, na sua ausência, pelo Secretário Executivo do respectivo Ministério.

§ 2º - O Secretário de Assistência à Saúde, ou representante por ele especialmente designado, exercerá a função de Secretário do Conselho.

§ 3º - Fica instituída, no âmbito do CONSU, a Câmara de Saúde Suplementar, de caráter permanente e consultivo, integrada:

I - por um representante de cada Ministério a seguir indicado:

a) da Saúde, na qualidade de seu Presidente;

b) da Fazenda;

c) da Previdência e Assistência Social;

d) do Trabalho;

e) da Justiça;

II - pelo Secretário de Assistência à Saúde do Ministério da Saúde, ou seu representante, na qualidade de Secretário;

III - pelo Superintendente da SUSEP ou seu representante;

IV - por um representante de cada órgão e entidade a seguir indicados:

a) Conselho Nacional de Saúde;

b) Conselho Nacional dos Secretários Estaduais de Saúde;

c) Conselho Nacional dos Secretários Municipais de Saúde;

d) Conselho Federal de Medicina;

e) Conselho Federal de Odontologia;

f) Federação Brasileira de Hospitais;

g) Confederação Nacional de Saúde, Hospitais, Estabelecimentos e Serviços;

h) Confederação das Misericórdias do Brasil;

V - por um representante de cada entidade a seguir indicada:

a) de defesa do consumidor;

b) de representação de associações de consumidores de planos e seguros privados de assistência à saúde;

c) de representação das empresas de seguro de saúde;

d) de representação do segmento de auto-gestão de assistência à saúde;

e) de representação das empresas de medicina de grupo;

f) de representação das cooperativas de serviços médicos que atuem na saúde suplementar;

g) de representação das empresas de odontologia de grupo;

h) de representação das cooperativas de serviços odontológicos que atuem na área de saúde suplementar;

i) de representação das entidades de portadores de deficiência e de patologias especiais.

§ 4º- Os membros da Câmara de Saúde Suplementar serão designados pelo Ministro de Estado da Saúde. (NR)

Artigo 35-B acrescentado pela Med. Prov. 1.801-9, de 28/01/99.

A entrada em vigência do art. 35-B dar-se-á no dia 05/06/98 (Med. Prov. 1.801-9, de 28/01/99, art. 3º).

Art. 35-C - Compete ao Ministério da Saúde, sem prejuízo das atribuições previstas na legislação em vigor:

I - formular e propor ao CONSU as normas de procedimentos relativos à prestação de serviços pelas operadoras de planos e seguros privados de saúde;

II - exercer o controle e a avaliação dos aspectos concernentes à garantia de acesso, manutenção e qualidade dos serviços prestados, direta ou indiretamente pelas operadoras de planos e seguros privados de saúde;

III - avaliar a capacidade técnico-operacional das operadoras de planos e seguros privados de saúde e garantir a compatibilidade da cobertura oferecida com os recursos disponíveis na área geográfica de abrangência;

IV - fiscalizar a atuação das operadoras e prestadores de serviços de saúde com relação à abrangência das coberturas de patologias e procedimentos;

V - fiscalizar questões concernentes às coberturas e aos aspectos sanitários e epidemiológicos, relativos à prestação de serviços médicos e hospitalares no âmbito da saúde suplementar;

VI - avaliar os mecanismos de regulação utilizados pelas operadoras de planos e seguros privados de saúde, com a finalidade de preservar a qualidade da atenção à saúde;

Planos de Assistência e Seguros de Saúde **165**

VII - estabelecer critérios de aferição, e controle da qualidade dos serviços próprios, referenciados, contratados ou conveniados oferecidos pelas operadoras de planos e seguros privados de saúde;

VIII - fiscalizar o cumprimento das normas estabelecidas pelo CONSU;

IX- aplicar as penalidades cabíveis às operadoras de planos e seguros privados de assistência à saúde previstas nesta Lei, segundo as normas fixadas pelo CONSU;

X - manter o registro provisório de que trata o § 1º do art. 19, até que sejam expedidas as normas do CNSP. (NR)

Artigo 35-C acrescentado pela Med. Prov. 1.801-9, de 28/01/99.

A entrada em vigência do art. 35-C dar-se-á no dia 05/06/98 (Med. Prov. 1.801-9, de 28/01/99, art. 3º).

Art. 35-D - É obrigatória a cobertura do atendimento nos casos:

I- de emergência, como tal definidos os que implicarem risco imediato de vida ou de lesões irreparáveis para o paciente, caracterizado em declaração do médico assistente;

II - de urgência, assim entendidos os resultantes de acidentes pessoais ou de complicações no processo gestacional.

Parágrafo único - O CONSU fará publicar normas regulamentares para o disposto neste artigo, observados os termos e prazos de adaptação previstos no art. 35. (NR)

Artigo 35-D acrescentado pela Med. Prov. 1.801-9, de 28/01/99.

Veja Res. 13, de 03/11/98, que dispõe sobre a cobertura do atendimento nos casos de urgência e emergência.

Art. 35-E - Sempre que ocorrerem graves deficiências em relação aos parâmetros e indicadores de qualidade e de cobertura em assistência à saúde para os serviços próprios e de terceiros oferecidos pelas operadoras, o Ministério da Saúde poderá designar, por prazo não superior a 180 dias, um diretor-técnico com as atribuições que serão fixadas de acordo com as normas baixadas pelo CONSU.

§ 1º - O descumprimento das determinações do diretor-técnico por administradores, conselheiros ou empregados da entidade operadora de planos privados de assistência à saúde acarretará o imediato afastamento do infrator, sem prejuízo das sanções penais cabíveis, assegurado o direito ao contraditório e à ampla defesa, sem efeito suspensivo, para o CONSU.

§ 2º - Os administradores da operadora que se encontrarem em regime de direção-técnica ficarão suspensos do exercício de suas funções a partir do momento em que for instaurado processo-crime em face de atos ou fatos relativos à respectiva gestão, perdendo imediatamente o cargo na hipótese de condenação judicial transitada em julgado.

§ 3º - No prazo que lhe for designado, o diretor-técnico procederá à análise da situação da operadora e proporá ao Ministério da Saúde as medidas cabíveis.

166 *Planos de Assistência e Seguros de Saúde*

§ 4º - No caso de não surtirem efeitos as medidas especiais para regularização da operadora, o Ministério da Saúde determinará à SUSEP a aplicação da penalidade prevista no art. 25, VI, desta Lei.

§ 5º - Antes da adoção da medida prevista no parágrafo anterior, o Ministério da Saúde assegurará ao infrator o contraditório e a ampla defesa. (NR)

Artigo 35-E acrescentado pela Med. Prov. 1.801-9, de 28/01/99.

A entrada em vigência do art. 35-E dar-se-á no dia 05/06/98 (Med. Prov. 1.801-9, de 28/01/99, art. 3º).

Art. 35-F - As multas fixadas pelo CONSU, no âmbito de suas atribuições e em função da gravidade da infração, serão aplicadas pelo Ministério da Saúde, até o limite de R$ 50.000,00 (cinqüenta mil reais). (NR)

Artigo 35-F acrescentado pela Med. Prov. 1.801-9, de 28/01/99.

A entrada em vigência do art. 35-F dar-se-á no dia 05/06/98 (Med. Prov. 1.801-9, de 28/01/99, art. 3º).

Art. 35-G - Aplica-se às operadoras de planos de assistência à saúde a taxa de fiscalização instituída pela Lei 7.944, de 20/12/89.

§ 1º - O Ministério da Saúde e a SUSEP firmarão convênio com o objetivo de definir as respectivas atribuições, no que se refere à fiscalização das operadoras de planos e seguros de saúde.

§ 2º- O convênio de que trata o parágrafo anterior estipulará o percentual de participação do Ministério da Saúde na receita da taxa de fiscalização incidente sobre operadoras de planos de saúde e fixará as condições dos respectivos repasses. (NR)

Artigo 35-G acrescentado pela Med. Prov. 1.801-9, de 28/01/99.

Art. 35-H - A partir de 05/06/98, fica estabelecido para os contratos celebrados anteriormente à data de vigência desta Lei que:

I - qualquer variação na contraprestação pecuniária para consumidores com mais de 60 anos de idade estará sujeita à autorização prévia da SUSEP;

II - a alegação de doença ou lesão preexistente estará sujeita à prévia regulamentação da matéria pelo CONSU;

Veja Res. 14, de 03/11/98, que dispõe sobre a definição das modalidades de planos ou seguros sob o regime de contratação individual ou coletiva, e regulamenta a pertinência das coberturas às doenças e lesões preexistentes e a exigibilidade dos prazos de carência nessas modalidades.

III - é vedada a suspensão ou denúncia unilateral de contrato individual ou familiar de plano ou seguro de assistência à saúde por parte da operadora, salvo o disposto no inc. II do parágrafo único do art. 13 desta Lei;

IV - é vedada a interrupção de internação hospitalar em leito clínico, cirúrgico ou em centro de terapia intensiva ou similar, salvo a critério do médico assistente.

§ 1º - Nos contratos individuais de planos ou seguros de saúde, independentemente da data de sua celebração, e pelo prazo estabelecido no § 1º do art. 35, a aplicação de cláusula de reajuste das contraprestações pecuniárias, vinculadas à sinistralidade ou à variação de custos, dependerá de prévia aprovação da SUSEP.

§ 2º - O disposto no art. 35 desta Lei aplica-se sem prejuízo do estabelecido neste artigo. (NR)

Artigo 35-H acrescentado pela Med. Prov. 1.801-9, de 28/01/99.

A entrada em vigência do art. 35-H dar-se-á no dia 05/06/98 (Med. Prov. 1.801-9, de 28/01/99, art. 3º).

Art. 36 - Esta Lei entra em vigor 90 dias após a data de sua publicação.

Brasília, 03/06/98. Fernando Henrique Cardoso